여행 일본어

지은이	HD어학교재연구회

일본어 초보자를 위한 단어&어휘 분야, 회화 입문서 등의 어학교재를 개발하고 기획 편집, 집필하였다. 주요 저서로는 〈곤니찌와! 생활일본어 100〉〈365일 Let's talk! 상황 일본어 핵심표현〉〈우리말처럼 바로바로 써먹는 일한 한일 필수단어왕〉〈30일 매일매일 혼자서 끝내는 일상생활 일본어 스피킹〉등이 있다.

Let's go
유쾌한 여행일본어

지 은 이 HD어학교재연구회
본 문 편 집 김현우
디 자 인 오르고 (book@designer.korea.com)

펴 낸 날 2018년 6월 15일 초판 15쇄 발행
펴 낸 이 천재민
펴 낸 곳 하다북스
출 판 등 록 2003년 11월 4일 제9-124호
주   소 서울시 강북구 오패산로30길 74 경남상가 201호
전   화 영업부 (02)6221-3020 · 편집부 (02)6221-3021
팩   스 (02)6221-3040
홈 페 이 지 www.hadabook.com

copyright ⓒ 2018 by Hadabooks
ISBN 978-89-92018-42-5 13730

* 일본 여행정보 사진이미지ⓒJNTO
* 가격은 뒤표지에 있습니다.
* 잘못 만들어진 책은 구입하신 서점에서 교환해 드립니다.

주머니 속 나만의 여행통역사

Let's Go 유쾌한

여행 일본어

HD어학교재연구회

하다북스

머리말

楽しもう 日本!!

이제 여행을 떠나실 준비를 다 마치셨나요? 여권을 준비하고 항공권과 숙소를 예약하고, 여행가이드북과 인터넷에서 여행정보를 찾고, 떨리는 마음으로 여행 가방을 챙기고…….
그러다 문득 떠오르는 "아차!" 하는 생각들, 일본 사람을 만나면 어떻게 말하지? '예기지 못한 상황을 당하게 되면 어떻게 대처하지?' 이런 생각이 들면 누구나 갑자기 불안한 마음이 들고, 일본에서의 언어문제를 고민하게 됩니다. 이럴 때 한방에 바로 통하는 〈Let's go 유쾌한 여행일본어〉가 꼭 필요합니다.
이 책은 일본에서 바로 쓸 수 있는 실용적인 내용을 수록하여 언제 어디서든지 찾기 쉽고 바로바로 활용할 수 있는 필수 여행가이드북입니다.
알짜 여행정보, 일본에서 바로 쓸 수 있는 상황별 핵심표현 BEST 10, 꼭 필요한 기본표현, 상황에 맞게 골라 쓰는 최신 일본어표현, 바로바로 찾아 쓰는 분야별 여행단어 등으로 나눠 여행에 필요한 표현을 한눈에 알아볼 수 있도록 구성하였습니다.
휴대용가방에 넣고 다니면서 언제나 꺼내볼 수 있는 〈Let's go 유쾌한 여행일본어〉! 이 책 한 권이면 여행지에서 당당하게 자기표현을 할 수 있겠죠?
"よい 旅行を!!"
멋진 낭만과 추억이 가득한 즐거운 여행 되시기 바랍니다.

이책의 구성

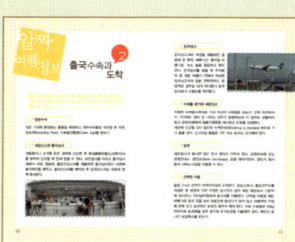

알짜 여행정보 Tip
꼭 필요한 사전 정보와 여행지에서 유용한 정보를 정리하였습니다.

상황별 핵심표현 BEST 10
각 Part별로 상황별 핵심 표현을 따로 모아서 한눈에 알아볼 수 있도록 하였습니다.

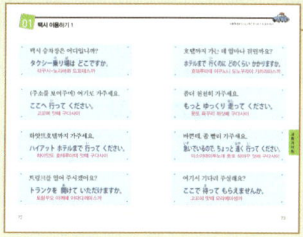

상황에 맞게 골라 쓰는 최신 일본어표현
현지에서 꼭 필요한 최신 여행 표현만을 엄선하였습니다. 한국어와 원어민의 생생한 일본어 표현이 함께 녹음된 MP3를 들으면서 문장을 연습하세요.

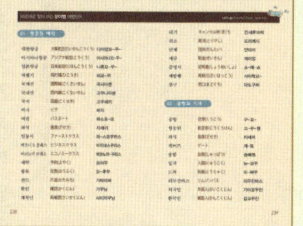

바로바로 찾아 쓰는 분야별 여행단어
공항, 기내, 교통, 호텔, 식당, 관광, 쇼핑 등 바로바로 찾아 쓸 수 있는 유용한 단어들을 분야별로 정리하였습니다.

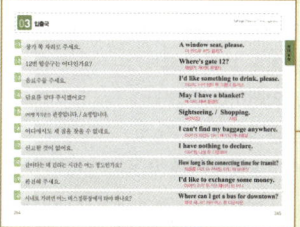

일본에서 바로 통하는 필수 영어표현
여행을 하면서 일본어 표현이 서투를 때를 대비하여 일본에서 통하는 기초 영어 표현을 수록하여 상황에 맞게 골라 쓸 수 있습니다.

contents

Part 1 기본 표현

인사하기	22
자주 쓰는 인사말	24
감사와 사과 표현	26
소개하기	28
시간, 날짜, 날씨	30
긍정과 부정의 대답	32
초대와 방문	34
부탁이나 양해를 구할 때	36

Part 2 출국과 도착

기내 자리안내와 문의사항	44
기내 서비스와 몸이 불편할 때	46
기내 식사와 음료 서비스	48
기내면세품 구입과 입국신고서	50
페리를 이용할 때	52
입국심사 1	54
입국심사 2	56
짐 찾기와 포터 이용	58
짐을 잃어버렸을 때	60
세관 통과	62
환전과 공항 안내소 이용	64

Part 3 **교통과 이동**

택시 이용하기 1	72
택시 이용하기 2	74
지하철과 전철 이용하기	76
버스 이용하기	78
기차[신칸센] 이용하기	80
렌터카 빌리기	82
자동차 운행할 때	84
위치나 장소를 물을 때	86
길을 잃었을 때	88

Part 4 **호텔**

숙소 예약	96
체크인	98
객실 이용과 클레임	100
룸서비스	102
호텔의 시설 이용	104
체크아웃	106
유스호스텔 이용	108

contents

Part 5 **식당**

식당 찾기와 예약	116
식당의 자리 안내	118
메뉴 보기	120
음식 주문	122
문제 발생과 주문 확인	124
필요한 것을 요청할 때	126
후식 주문과 계산하기	128
패스트푸드점에서	130
술집[이자카야]에서	132

Part 6 **관광**

관광안내소 1	140
관광안내소 2	142
관광버스와 가이드 문의	144
관광지에서 1	146
관광지에서 2	148
유람선과 케이블카 타기	150
가부키 관람	152
클럽과 노래방	154
기념사진	156

Part 7 쇼핑

상점을 찾거나 둘러볼 때	164
영업시간과 세일 문의	166
기념품과 전자제품 매장에서	168
화장품과 액세서리 매장에서	170
의류 매장에서	172
디자인, 색상, 사이즈 문의	174
가격 문의와 흥정하기	176
계산과 포장	178
교환과 반품	180
편의점 이용	182

Part 8 통신과 시설 이용

국제전화	190
공중전화	192
우체국	194
PC방	196
은행	198
병원	200
아픈 증상	202
약국	204

contents

Part 9 트러블

사고나 몸이 아플 때	212
위기 상황	214
도움 요청과 경찰신고	216
분실물 신고와 재발행	218
곤란한 상황에서의 표현	220

Part 10 귀국

귀국 항공편 예약과 재확인	228
예약 변경이나 취소	230
탑승 수속	232
배웅하기	234

Part 11 분야별 여행단어

항공권 예약	238
공항과 기내	239
교통 관련	241
호텔&서비스	243
식당	244
관광	246
쇼핑	248
공공기관 · 건물	250
통신–전화/우체국/PC방	251
시설이용–병원/약국	252
시설이용–은행/경찰서	253
유용한 단어–숫자세기	254
유용한 단어–시간/요일/월	256

Part 12 필수 영어표현

인사말과 소개 표현	260
다양한 의사 표현	262
입출국	264
대중교통과 이동	268
숙소 이용	270
식당에서	272
관광 즐기기	274
쇼핑할 때	276
통신과 시설 이용	278
트러블	280

• ひらがな(히라가나) •

	あ단	い단	う단	え단	お단
あ행	あ 아[a]	い 이[i]	う 우[u]	え 에[e]	お 오[o]
か행	か 카[ka]	き 키[ki]	く 쿠[ku]	け 케[ke]	こ 코[ko]
さ행	さ 사[sa]	し 시[si]	す 스[su]	せ 세[se]	そ 소[so]
た행	た 타[ta]	ち 치[chi]	つ 츠[tsu]	て 테[te]	と 토[to]
な행	な 나[na]	に 니[ni]	ぬ 누[nu]	ね 네[ne]	の 노[no]
は행	は 하[ha]	ひ 히[hi]	ふ 후[hu]	へ 헤[he]	ほ 호[ho]
ま행	ま 마[ma]	み 미[mi]	む 무[mu]	め 메[me]	も 모[mo]
や행	や 야[ya]		ゆ 유[yu]		よ 요[yo]
ら행	ら 라[ra]	り 리[ri]	る 루[ru]	れ 레[re]	ろ 로[ro]
わ행	わ 와[wa]				を 오[wo]
	ん 응[n]				

カタカナ (가타카나)

	ア단	イ단	ウ단	エ단	オ단
ア행	ア 아[a]	イ 이[i]	ウ 우[u]	エ 에[e]	オ 오[o]
カ행	カ 카[ka]	キ 키[ki]	ク 쿠[ku]	ケ 케[ke]	コ 코[ko]
サ행	サ 사[sa]	シ 시[si]	ス 스[su]	セ 세[se]	ソ 소[so]
タ행	タ 타[ta]	チ 치[chi]	ツ 츠[tsu]	テ 테[te]	ト 토[to]
ナ행	ナ 나[na]	ニ 니[ni]	ヌ 누[nu]	ネ 네[ne]	ノ 노[no]
ハ행	ハ 하[ha]	ヒ 히[hi]	フ 후[hu]	ヘ 헤[he]	ホ 호[ho]
マ행	マ 마[ma]	ミ 미[mi]	ム 무[mu]	メ 메[me]	モ 모[mo]
ヤ행	ヤ 야[ya]		ユ 유[yu]		ヨ 요[yo]
ラ행	ラ 라[ra]	リ 리[ri]	ル 루[ru]	レ 레[re]	ロ 로[ro]
ワ행	ワ 와[wa]				ヲ 오[wo]
	ン 응[n]				

01 인사하기 02 자주 쓰는 인사말 03 감사와 사과 표현
04 소개하기 05 시간, 날짜, 날씨 06 긍정과 부정의 대답
07 초대와 방문 08 부탁이나 양해를 구할 때

Part 01 기본표현

출발 전 준비하기

Trip 1

인터넷이나 여행 가이드북에서 일본 여행에 대한 정보를 수집하고 여행노하우를 읽어두면 도움이 된다. 특히, 자유여행일 경우 출발날짜와 항공편, 철도패스와 관광티켓 예약 및 구입, 숙소 예약 등을 꼼꼼히 준비해야 여유롭고 멋진 여행을 할 수 있다.

1 | 여권(Passport)

우리나라는 국제민간항공기구(ICAO)의 권고에 따라 전자여권을 발급하고 있다. 전자여권(electronic passport)이란 비접촉식 IC칩을 내장하여 바이오인식정보(Biometric data)와 신원정보를 저장한 여권을 말한다.

2 | 일본 비자(VISA) 면제 프로그램

여권이 여행자의 신분증이라면 비자는 여행해도 좋다고 해당 국가에서 발행하는 입국 허가서이다. 일본은 2006년 3월 1일 부터 90일 이내의 단기 체류를 목적으로 일본을 방문하는 한국 사람에 대해 비자를 면제하고 있다.
단, 학업이나 취업을 목적으로 할 경우 별도의 비자를 취득해야 하고, 여권의 유효기간이 6개월 미만일 경우에는 반드시 연장해야 한다.

주대한민국 일본국대사관 www.kr.emb-japan.go.jp

3 | 증명서와 여행자보험

① **국제학생증(ISIC)** 국외에서 학생임을 증명하는 신분증이다. 항공권, 교통, 숙박, 환전 및 금융서비스, 보험 우대, 현지 박물관, 유적지, 문화재 무료입장 및 할인 등의 다양한 혜택을 제공한다.

한국국제학생교류회 홈페이지 www.isic.co.kr

② **국제운전면허증** 일본에서 차량을 렌트할 경우에 필요하다. 신청서 1통, 운전면허증, 여권, 여권용 사진 1장과 수수료를 준비해 가까운 운전면허시험장에서 당일 발급이 가능하다.

③ **여행자보험** 여행 중 일어날 수 있는 교통사고, 상해, 질병, 사망, 후유장애나 대인, 대물배상책임에서부터 소지품 도난, 파손의 경우까지 보상되는 보험이다. 패키지 여행의 경우는 여행비에 보험료가 포함되어 있기도 하며 인터넷을 이용하면 할인된 가격으로 가입할 수 있다.

4 | 항공권/선박권 예약

① **항공권** 7~8월은 여행 성수기로 항공권이 가장 비싸다. 대한항공, 아시아나항공, 일본항공 등 각국의 주요 항공회사가 일본의 주요도시를 연결 운항하고 있다. 학생할인 요금(STUDENT FARE)을 적용 받으려면 입학허가서 사본, 재학증명서(원본), 학생증 사본 등 구비서류를 제출해야 한다. 운임은 보통 성인요금의 75% 정도이며 각 항공사나 선박회사마다 학생요금을 따로 두고 있다.

② **선박권** 한국은 일본의 주요항과 정기항로를 개설하고 있다. 부산항과 후쿠오카, 코쿠라, 시모노세키, 히모시마, 오사카 등을 연결하는 다양한 항로가 있다. 특히 후쿠오카, 하카타, 시모노세키와 한국 간은 페리나 고속선이 취항하고 있다.

5 | 환전하기

① **현금(Cash)** 일본의 대도시권 이외의 지역을 여행하는 경우는 미리 현금을 준비하는 것이 좋다. 일본은 세계 각국의 통화에 대하여 반입·반출이 가능하다. 그러나 100만 엔이 넘는 통화나 그에 상당하는 수표, 유가증권 등을 지니고 있을 경우에는 세관에 신고해야 한다.

② **국제현금카드** 국내은행 통장 계좌에 들어 있는 잔고만큼 엔화로 인출 가능한 카드로 시티은행과 외환은행에서 발급받을 수 있다. 이용 수수료가 건당으로 계산되므로 필요한 돈을 잘 계산하여 인출한다.

③ **국제 신용카드(Credit Card)** 아메리칸 익스프레스, 비자, 마스터 카드 등의 국제 신용카드는 주요시설에서 이용이 가능하다. 일본은 레스토랑이나 쇼핑센터 등 거의 모든 곳에서 신용카드 결제가 가능하다. 현금은 교통비나 호텔 등에서 팁을 줄 때 정도다. 택시를 탔을 때도 신용카드 결재가 가능하다.

④ **여행자수표(T/C)** 여행자수표는 시중 은행, 호텔, 여관, 대도시 쇼핑몰에서 현금처럼 쓸 수 있다. 그런데 일본은 여행자수표를 받는 곳이 많지 않고, 현지은행을 찾아가 엔화로 재환전하는 것도 쉽지 않으므로 10만 엔 이하라면 굳이 여행자수표를 준비해 가지 않아도 된다.

6 | 일본의 관광안내센터

① **일본국제관광진흥기구(JNTO)** 세계 각국의 주요 도시에 해외사무소를 설치하여 관광객 유치활동을 펼치고 있다. 무료 팸플릿 배포를 통해 일본관광에 관한 최신정보를 제공한다.

일본국제 관광진흥기구(JNTO) www.jnto.go.jp

② **여행자안내센터(TIC)** 일본을 여행하는 외국인 관광객을 위한 종합 관광안내센터로, 일본관광에 관한 다양한 안내와 각종 팸플릿이나 지도 배부, 전화 문의에 관한 회답 등 각종 여행정보를 제공한다.

③ **"i"여행안내소** 일본의 주요 공항이나 역을 비롯하여 각 도시의 중심부에 설치되어 있는 대표적인 관광 안내센터이다. 물음표 밑에 'information'이라는 독특한 로고가 새겨진 "i"여행안내소는 위치한 지역의 여행정보를 외국인 여행자에게 상세하게 안내하고 있다.

필수 상황표현 BEST

01 (아침인사) 안녕하세요? / 안녕?

02 (점심인사) 안녕하세요?

03 (저녁인사) 안녕하세요?

04 (헤어질 때) 안녕히 가세요.

05 감사합니다.

06 미안합니다.

07 처음 뵙겠습니다.

08 네, 그래요.

09 아니오, 그렇지 않아요.

10 부탁 좀 해도 될까요?

おはよう ございます。/ おはよう。
오하요- 고자이마스 　　　　　오하요-

こんにちは。
곤니찌와

こんばんは。
곰방와

さようなら。
사요-나라

ありがとう ございます。
아리가또- 고자이마스

すみません。/ ごめんなさい。
스미마셍 　　　　고멘나사이

はじめまして。
하지메마시떼

はい、そうです。
하이 소-데스

いいえ、そうじゃ ありません。
이-에 소-쟈 아리마셍

ちょっと お願いしても いいですか。
춋또 오네가이시떼모 이-데스까

01 인사하기

(아침인사) 안녕하세요? / 안녕?

おはよう ございます。 / おはよう。
오하요- 고자이마스　　　　　오하요-

(점심인사) 안녕하세요?

こんにちは。
곤니찌와

(저녁인사) 안녕하세요?

こんばんは。
곰방와

안녕히 주무세요.

おやすみなさい。
오야스미나사이

Let's go Cheerful Travel Japanese

(헤어질 때) 안녕히 가세요.

さようなら。
사요-나라

살펴가세요.

お気を つけて。
오끼오 쯔께떼

즐거운 하루 보내세요.

よい 一日を。
요이 이찌니찌오

또 만나요.

また お会いしましょう。
마따 오아이시마쇼-

02 자주 쓰는 **인사말**

잘 지내십니까?

お元気(げんき)ですか。

오겡끼데스까

덕분에 잘 지내요.

おかげさまで 元気(げんき)です。

오까게사마데 겡끼데스

오랜만이군요.

しばらくぶりですね。

시바라꾸부리데스네

잘 부탁합니다.

どうぞ よろしく。

도-조 요로시꾸

Let's go Cheerful Travel Japanese

기본표현

실례합니다.

しつれいします。
시쯔레-시마스

그럼 잘 먹겠습니다.

では いただきます。
데와 이따다끼마스

잘 먹었습니다.

ごちそうさまでした。
고치소-사마데시따

축하합니다.

おめでとう ございます。
오메데또- 고자이마스

03 감사와 사과 표현

고마워요.

ありがとう。
아리가또-

감사합니다.

ありがとう ございます。
아리가또- 고자이마스

친절히 대해줘서 고마워요.

ご親切に どうも。
고신세쯔니 도-모

수고하셨습니다.

ごくろうさま。
고꾸로-사마

Let's go Cheerful Travel Japanese

기본표현

미안합니다.

すみません。 / ごめんなさい。
스미마셍　　　　　　고멘나사이

용서해 주십시오.

許(ゆる)して ください。
유루시떼 구다사이

천만에요.

どういたしまして。
도-이따시마시떼

저야말로 정말로 고마워요.

こちらこそ どうも ありがとう。
고찌라꼬소 도-모 아리가또-

04 소개하기

처음 뵙겠습니다.
はじめまして。
하지메마시떼

저는 천재민이라고 합니다.
私は 千宰旻と いいます。
와따시와 천재민또 이-마스

저는 한국에서 왔습니다.
私は 韓国から 来ました。
와따시와 강꼬꾸까라 키마시따

만나서 반갑습니다.
お会いできて うれしいです。
오아이데끼떼 우레시-데스

Let's go Cheerful Travel Japanese

성함이 어떻게 되십니까?
お名前は どうなりますか。
오나마에와 도-나리마스까

기무라 씨, 잘 부탁합니다.
木村さん、よろしく。
기무라상 요로시꾸

저야말로 잘 부탁드립니다.
こちらこそ, どうぞ よろしく お願いします。
고찌라꼬소 도-죠 요로시꾸 오네가이시마스

이것은 제 명함입니다.
これは 私の 名刺です。
고레와 와따시노 메-시데스

05 시간, 날짜, 날씨

지금 몇 시인가요?

今、何時ですか。

이마 난지데스까

9시 5분입니다.

9時 5分です。

구지 고훈데스

이 시계는 정확한가요?

この 時計は あってますか。

고노 도께-와 앗떼마스까

오늘은 며칠인가요?

今日は 何日ですか。

쿄-와 난니찌데스까

Let's go Cheerful Travel Japanese

기본표현

오늘은 9일입니다.
今日は 9日です。
쿄-와 고꼬노까데스

오늘 날씨는 어때요?
今日の 天気は どうなんですか。
쿄-노 뎅끼와 도-난데스까

오늘은 상당히 덥군요.
今日は なかなか 暑いですね。
쿄-와 나까나까 아쯔이데스네

별로 날씨가 좋지 않아요.
あまり 天気が 良くないですね。
아마리 텡끼가 요꾸나이데스네

06 긍정과 부정의 대답

네, 그래요.

はい、そうです。
하이 소-데스

네, 좋아요.

はい、いいですよ。
하이 이-데스요

네, 그렇게 하세요.

はい、どうぞ。
하이 도-조

네, 괜찮아요.

ええ、かまいません。
에- 가마이마셍

Let's go Cheerful Travel Japanese

기본표현

저도 그래요.

<ruby>私<rt>わたし</rt></ruby>も そうなんです。

와따시모 소-난데스

아니오.

いいえ。

이-에

아니오, 안 됩니다.

いや、だめです。

이야 다메데스

아니오, 그렇지 않아요.

いいえ、そうじゃ ありません。

이-에 소-쟈 아리마셍

07 초대와 방문

우리 집에 오지 않겠어요?

私の 家に 来ませんか。

와따시노 이에니 기마셍까

오늘밤 저와 식사하는 건 어때요?

今晩 私と 食事は どうですか。

곰방 와따시또 쇼꾸지와 도-데스까

(선물을 내밀면서) 이거 받으세요.

これを どうぞ。

고레오 도-조

잘 오셨어요.

ようこそ いらっしゃいました。

요-꼬소 이랏샤이마시따

Let's go Cheerful Travel Japanese

기본표현

이쪽으로 앉으세요.

こちらへ おかけ ください。

고찌라에 오까께 구다사이

고마워요, 정말 편합니다.

どうも もう くつろいでいます。

도-모 모- 구쯔로이데이마스

마음껏 드세요.

ご自由に 召し上がって ください。

고지유-니 메시아갓떼 구다사이

오늘 매우 즐거웠어요.

今日は とても 楽しかったです。

쿄-와 도떼모 다노시깟따데스

08 부탁이나 양해를 구할 때

부탁 좀 해도 될까요?
ちょっと お願(ねが)いしても いいですか。
춋또 오네가이시떼모 이-데스까

펜을 빌려주지 않겠어요?
ペンを 貸(か)して いただけませんか。
펭오 가시떼 이따다께마셍까

도움이 필요해요.
あなたの 助(たす)けが 必要(ひつよう)です。
아나따노 다스께가 히쯔요-데스

좀 거들어 주지 않겠어요?
ちょっと 手伝(てつだ)って くれませんか。
춋또 데쯔닷떼 구레마셍까

Let's go Cheerful Travel Japanese

기본 표현

실례합니다. 들어가도 될까요?
すみません。入(はい)っても いいですか。
스미마셍. 하잇떼모 이-데스까

여기에 앉아도 되나요?
ここに 座(すわ)っても いいですか。
고꼬니 스왓떼모 이-데스까

창문을 열어도 되나요?
窓(まど)を 開(あ)けても いいですか。
마도오 아께떼모 이-데스까

여기서 담배를 피워도 됩니까?
ここで タバコを 吸(す)っても いいですか。
고꼬데 다바꼬오 슷떼모 이-데스까

01 기내 자리안내와 문의사항　02 기내 서비스와 몸이 불편할 때　03 기내 식사와 음료 서비스
04 기내면세품 구입과 입국신고서　05 페리를 이용할 때　06 입국심사 1　07 입국심사 2
08 짐 찾기와 포터 이용　09 짐을 잃어버렸을 때　10 세관 통과　11 환전과 공항 안내소 이용

Part 02

출국과 도착

출국수속과 도착 (Tip 2)

탑승 수속→출입국신고서 작성→병무신고→세관신고→보안검색
→출국심사→항공기 탑승→일본 도착→입국심사→수하물 찾기→
세관신고→ 입국

1 | 탑승수속

짐은 기내에 휴대하는 물품을 제외하고 위탁수하물로 처리한 후 여권, 탑승권(Boarding Pass), 수화물인환증(Claim Tag)을 받는다.

2 | 세관신고와 출국심사

귀중품이나 고가품 등은 세관에 신고한 후 휴대물품반출신고(확인)서를 받아야 입국할 때 면세 받을 수 있다. 보안검사를 마치고 출국심사대에서 여권, 탑승권, 출입국신고서를 제출하면 출국심사관이 여권에 출국확인을 해주고, 출국신고서를 떼어낸 후 입국신고서는 여권과 함께 돌려준다.

3 | 입국심사

입국신고서와 여권을 제출하면 일본에 온 목적, 체류기간, 돌아갈 비행기표, 숙소 등을 질문하고 확인한다. 입국심사를 받을 때 주의해야 할 점은 비행기 안에서 작성한 입국신고서의 일본 연락처이다. 관광객일 경우는 대개 까다롭지 않게 입국허가 스탬프를 찍어준다.

4 | 수하물 찾기와 세관신고

지정된 수화물수취대로 가서 자신의 수화물을 찾는다. 간혹 마지막까지 기다려도 짐이 안 나오는 경우가 발생하는데 이 경우는 당황하지 말고 공항직원에게 화물인환증을 제시하고 도움을 요청한다.
세관에 신고할 것이 없으면 녹색면세대(Nothing to Declare) 쪽으로 가서 줄을 선다. 신고대상 물품은 구두 또는 문서로 신고해야 한다.

5 | 입국

세관검사가 끝나면 모든 입국 절차가 마무리 된다. 공항로비에 있는 관광안내소, 환전소(Bank Exchange), 호텔 예약카운터, 렌트카 회사 등의 서비스시설을 이용할 수 있다.

6 | 선박편 이용

출발 2시간 전까지 여객터미널에 도착한다. 탑승신청서, 출입국카드를 작성한 후 여권과 미리 구입한 승선권과 같이 해당 해운회사 카운터에 제시한다. 터미널이용료와 출국세를 지불한다. 선박을 이용할 때는 비행기와 달리 짐을 따로 화물칸에 맡겼다가 찾지 않고 여행객이 직접 배 안에 갖고 승선하고 보관도 알아서 해야 한다. 무료 수화물은 20kg 까지이며 초과했을 경우 창구에 추가요금을 지불해야 한다. 확인이 끝나면 보딩패스를 받는다.

필수 상황표현 BEST

01 (탑승권을 보이며) 제 좌석은 어디인가요?

02 베개와 모포를 주세요.

03 비행기 멀미약을 부탁해요.

04 여보세요, 주스 한 잔 더 주세요.

05 (승선권을 보이며) 제 선실은 어디인가요?

06 관광으로 왔어요. / 비즈니스입니다.

07 제 짐이 안 나왔어요.

08 아무것도 없어요.

09 환전해 주세요.

10 관광 팸플릿을 주세요.

私の 席は どこですか。
와따시노 세끼와 도꼬데스까

枕と 毛布を ください。
마꾸라또 모-후오 구다사이

飛行機酔いの 薬を お願いします。
히꼬-끼요이노 구스리오 오네가이시마스

すみません、ジュース もう一杯 ください。
스미마셍 쥬-스 모-입빠이 구다사이

私の 船室は どこですか。
와따시노 센시쯔와 도꼬데스까

観光に 来ました。/ ビジネスです。
강꼬-니 기마시따   비지네스데스

私の 手荷物が 出てきませんでした。
와따시노 테니모쯔가 데떼끼마셍데시따

何も ありません。
나니모 아리마셍

両替して ください。
료-가에시떼 구다사이

観光パンフレットを ください。
강꼬- 팡후렛또오 구다사이

기내 **자리안내**와 **문의사항**

(탑승권을 보이며) 제 좌석은 어디인가요?
私の 席は どこですか。
와따시노 세끼와 도꼬데스까

15A 좌석은 어디인가요?
15Aの 席は どこですか。
쥬-고에이노 세끼와 도꼬데스까

우측 창가 쪽 자리입니다.
右側の 窓側の 席です。
미기가와노 마도가와노 세끼데스

죄송하지만, 자리를 바꿔도 될까요?
すみませんが、席を 替わってもいいですか。
스미마셍가 세끼오 가왓떼모 이-데스까

Let's go Cheerful Travel Japanese

여기는 제자리 같군요.
ここは 私の 席の ようですが。
고꼬와 와따시노 세끼노 요-데스가

의자는 어떻게 젖히나요?
椅子は どうやって 倒しますか。
이스와 도-얏떼 타오시마스까

실례지만, 화장실은 어디인가요?
すみませんが、トイレは どこですか。
스미마셍가 토이레와 도꼬데스까

비행은 예정대로 하나요?
フライトは 時間どおりですか。
후라이또와 지깐도-리데스까

출국과 도착

02 **기내 서비스**와 몸이 불편할 때

베개와 모포를 주세요.

枕と 毛布を ください。

마꾸라또 모-후오 구다사이

한국어 신문은 있습니까?

韓国語の 新聞は ありますか。

강꼬꾸고노 심붕와 아리마스까

추워서요, 에어컨을 끄고 싶어요.

寒いのですが、エアコンを 止めたいのですが。

사무이노데스가 에아꼰오 도메따이노데스가

헤드폰 상태가 안 좋아요.

ヘッドホンの 調子が 悪いです。

헷도혼노 쵸-시가 와루이데스

Let's go Cheerful Travel Japanese

아까 부탁한 물이 아직 안 나왔어요.
先ほど 頼んだ 水が まだです。
사끼호도 다논다 미즈가 마다데스

몸이 좀 불편합니다
少し 気分が 悪いのです。
스꼬시 기붕가 와루이노데스

머리가 아픈데, 약이 있나요?
頭が 痛いんですが、薬は ありますか。
아따마가 이따인데스가 구스리와 아리마스까

비행기 멀미약을 부탁해요.
飛行機酔いの 薬を お願いします。
히꼬-끼요이노 구스리오 오네가이시마스

03 기내 **식사**와 **음료** 서비스

식사는 언제 나옵니까?

食事は いつ 出ますか。

쇼꾸지와 이쯔 데마스까

스테이크로 하겠어요.

ステーキに します。

스떼-끼니 시마스

어떤 음료가 있나요?

どんな 飲み物が ありますか。

돈나 노미모노가 아리마스까

따뜻한 물을 마시고 싶은데요.

お湯が 飲みたいんですが。

오유가 노미따인데스가

Let's go Cheerful Travel Japanese

맥주를 주시겠어요?

ビールを いただけますか。

비-루오 이따다께마스까

여보세요, 주스 한 잔 더 주세요.

すみません、ジュース もう一杯(いっぱい) ください。

스미마셍 쥬-스 모-입빠이 구다사이

커피를 주세요.

コーヒーを ください。

코-히-오 구다사이

설탕과 크림도 부탁해요.

砂糖(さとう)と クリームも お願(ねが)いします。

사또-또 꾸리-무모 오네가이시마스

기내**면세품** 구입과 **입국신고서**

(면세품 사진을 가리키며) 이것은 있나요?

これは ありますか。

고레와 아리마스까

향수를 사고 싶어요.

香水を 買いたいんです。
こうすい　か

고-스이오 가이따인데스

어떤 담배가 있습니까?

どんな タバコが ありますか。

돈나 타바코가 아리마스까

입국카드를 주세요.

入国カードを ください。
にゅうこく

뉴-꼬꾸카-도오 구다사이

Let's go Cheerful Travel Japanese

펜을 빌려 주실래요?

ペンを 貸(か)して もらえますか。

펭오 가시떼 모라에마스까

신고서 작성을 도와주시겠어요?

申告書(しんこくしょ)の 作成(さくせい)を 手伝(てつだ)って くださいませんか。

싱꼬꾸쇼노 사꾸세-오 데쯔닷떼 구다사이마셍까

여기에 무엇을 써야 하나요?

ここに なにを 書(か)けば いいんですか。

고꼬니 나니오 가께바 이인데스까

이렇게 쓰면 되나요?

このように 書(か)けば いいですか。

고노요-니 가께바 이-데스까

05 페리를 이용할 때

(승선권을 보이며) 제 선실은 어디인가요?
私の 船室は どこですか。
와따시노 센시쯔와 도꼬데스까

매점은 어디에 있나요?
売店は どこに ありますか。
바이뗑와 도꼬니 아리마스까

식당은 어디에 있나요?
食堂は どこに ありますか。
쇼꾸도-와 도꼬니 아리마스까

파도는 거칩니까?
波は 荒いですか。
나미와 아라이데스까

Let's go Cheerful Travel Japanese

뱃멀미가 납니다.
船酔いに なりました。
후나요이니 나리마시따

토할 것 같아요.
吐きそうです。
하끼소-데스

약을 주시겠어요?
薬を ください。
구스리오 구다사이

의무실로 데리고 가 주세요.
医務室へ 連れて いって ください。
이무시쯔에 쯔레떼 잇떼 구다사이

06 입국심사 1

여권을 보여 주십시오.

パスポートを 見せて ください。

파스뽀—또오 미세떼 구다사이

입국 목적은 무엇인가요?

入国の 目的は 何ですか。

뉴—꼬꾸노 모꾸떼끼와 난데스까

관광으로 왔어요.

観光に 来ました。

강꼬—니 기마시따

비즈니스입니다.

ビジネスです。

비지네스데스

Let's go Cheerful Travel Japanese

친구를 만나러 왔어요.
友達に 会いに 来ました。
도모다찌니 아이니 기마시따

한국의 서울에서 왔어요.
韓国の ソウルから 来ました。
강꼬꾸노 소우루까라 기마시따

일본은 처음이신가요?
日本は 初めてですか。
니홍와 하지메떼데스까

네, 처음입니다.
はい, 初めてです。
하이 하지메떼데스

출국과 도착

07 입국심사 2

일본에 며칠 간 계실 건가요?
日本に 何日間 滞在する 予定ですか。
니혼니 난니찌깐 타이자이스루 요떼-데스까

1주일 예정이에요.
一週間の 予定です。
잇슈-깐노 요떼-데스

어디에서 숙박하실 예정인가요?
どこに お泊まりの 予定ですか。
도꼬니 오또마리노 요떼-데스까

도쿄 신주쿠 호텔이에요.
東京の 新宿ホテルです。
도-꾜-노 신쥬쿠호테루데스

Let's go Cheerful Travel Japanese

(메모를 보이며) 이 호텔입니다.

この ホテルです。
고노 호테루데스

유스호스텔에서 묵어요.

ユースホステルに 泊まります。
유-스호스테루니 도마리마스

현금은 얼마나 가지고 있습니까?

現金は いくら 持って いますか。
겡낑와 이꾸라 못떼 이마스까

돌아갈 항공권을 갖고 계십니까?

お帰りの チケットは お持ちですか。
오까에리노 치켓또와 오모찌데스까

출국과 도착

짐 찾기와 포터 이용

짐은 어디서 찾나요?
手荷物は どこで 受け取りますか。
테니모쯔와 도꼬데 우께또리마스까

110편 짐은 나왔나요?
110便の 手荷物は もう 出てきましたか。
햐꾸쥬-빈노 테니모쯔와 모- 데떼끼마시따까

수하물 찾는 곳은 저쪽입니다.
お手荷物の 引取り さきはあそこです。
오테니모쯔노 히끼또리 사끼와 아소꼬데스

카트는 어디에 있나요?
カートは どこに ありますか。
카-또와 도꼬니 아리마스까

Let's go Cheerful Travel Japanese

이 짐을 맡아주실 수 있나요?
この 手荷物を 預かって もらえますか。
고노 테니모쯔오 아즈깟떼 모라에마스까

짐을 호텔로 보내주세요.
手荷物を ホテルに 届けて ください。
테니모쯔오 호테루니 토도께떼 구다사이

이 짐을 택시 승차장까지 부탁해요.
この 荷物を タクシー乗り場まで お願いします。
고노 니모쯔오 타꾸시- 노리바마데 오네가이시마스

깨지기 쉬운 물건이니까, 주의해 주세요.
壊れやすい 物だから, 注意して ください。
고와레야스이 모노다까라 츄-이시떼 구다사이

09 짐을 잃어버렸을 때

제 짐이 안 나왔어요.
私の 手荷物が 出てきませんでした。
와따시노 테니모쯔가 데떼끼마센데시따

짐을 잃어버렸어요.
手荷物を なくしてしまいました。
테니모쯔오 나꾸시떼시마이마시따

제 짐은 세 개에요.
私の 手荷物は 3個です。
와따시노 테니모쯔와 상꼬데스

이게 수화물인환증이에요.
これが 手荷物引換証です。
고레가 테니모쯔 히끼까에쇼-데스

Let's go Cheerful Travel Japanese

어느 정도의 크기인가요?
どのくらいの 大きさですか。
도노꾸라이노 오-끼사데스까

무엇이 들어있나요?
何が 入って いましたか。
나니가 하잇떼 이마시따까

찾으면 연락하겠습니다.
見つかったら 連絡します。
미쯔깟따라 렌라꾸시마스

당장 보상해 주세요.
すぐ 補償を して ください。
스구 호쇼-오 시떼 구다사이

10 세관 통과

여권과 신고서를 보여주십시오.

パスポートと 申告書を 拝見します。

파스뽀-또또 싱꼬꾸쇼오 하이껜시마스

짐은 이게 전부인가요?

お荷物は これが 全部ですか。

오니모쯔와 고레가 젬부데스까

네, 그래요.

はい、そうです。

하이 소-데스

신고할 게 있으십니까?

申告する ものは ありますか。

싱꼬꾸스루 모노와 아리마스까

아무것도 없어요.

何も ありません。

나니모 아리마셍

이 가방을 열어 주십시오.

この バッグを 開けて ください。

고노 박구오 아께떼 구다사이

이것은 무엇입니까?

これは 何ですか。

고레와 난데스까

이것은 개인적인 소지품일 뿐이에요.

これは 個人の 持ち物 だけです。

고레와 고진노 모찌모노 다께데스

11. 환전과 공항 안내소 이용

환전소는 어디인가요?
両替所は どこですか。
료-가에쇼와 도꼬데스까

환전해 주세요.
両替して ください。
료-가에시떼 구다사이

엔화로 바꿔주세요.
円に 替えて ください。
엔니 가에떼 구다사이

오늘 환율이 어떻게 되나요?
今日の レートは どうなっていますか。
쿄-노 레-또와 도-낫떼이마스까

Let's go Cheerful Travel Japanese

수수료는 얼마인가요?
手数料は いくらですか。
테스-료-와 이꾸라데스까

관광 팸플릿을 주세요.
観光パンフレットを ください。
강꼬- 팡후렛또오 구다사이

호텔 리스트는 있나요?
ホテルリストは ありますか。
호테루 리스또와 아리마스까

스카이라이너는 어디에서 타나요?
スカイライナーは どこで 乗りますか。
스카이라이나-와 도꼬데 노리마스까

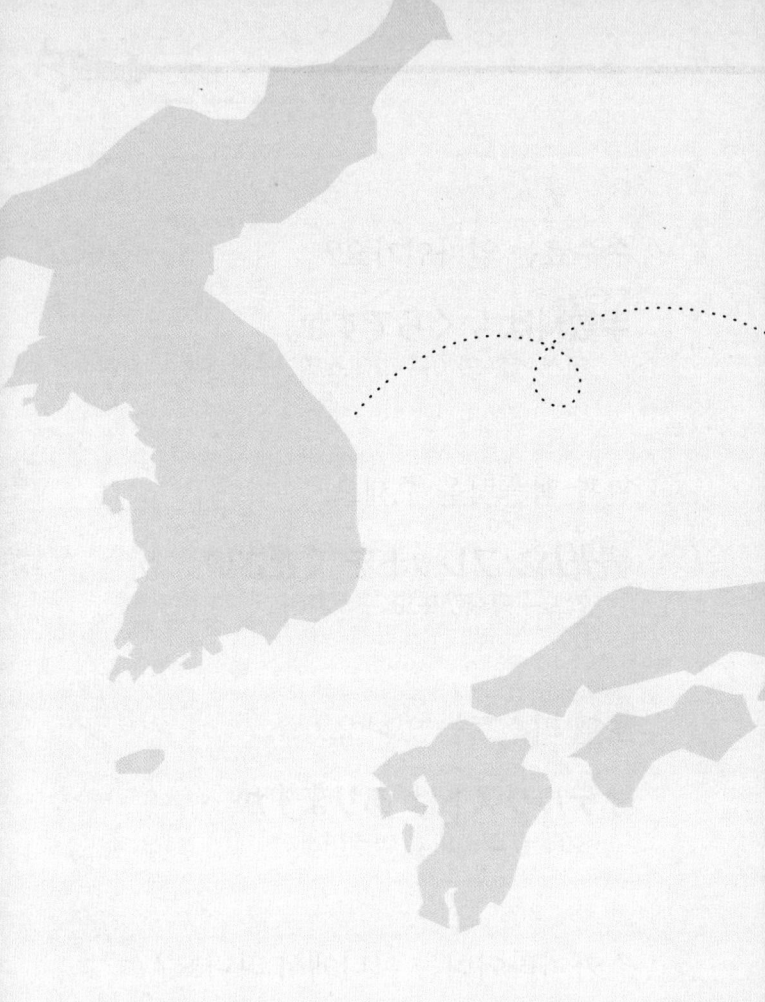

01 택시 이용하기 1 02 택시 이용하기 2 03 지하철과 전철 이용하기
04 버스 이용하기 05 기차[신칸센] 이용하기 06 렌터카 빌리기
07 자동차 운행할 때 08 위치나 장소를 물을 때 09 길을 잃었을 때

Part 03

교통과 이동

알짜 여행정보

대중교통과 이동
Tip 3

1 | 철도

일본의 철도는 시간이 정확하고 안전성이 높은 것으로 유명하다. 최대 규모의 일본철도(JR)는 일본 전역에 그물망 같은 노선망을 갖춰놓고 있다. 빠르고 쾌적한 초특급열차 신칸센(新幹線)과 특급, 급행, 쾌속, 보통으로 나뉘어 운행되며, 철도를 이용하여 어디든 여행이 가능한 만큼 교통망이 발달되었다.

① **신칸센** 일본 하면 떠오르는 이미지가 바로 후지산을 배경으로 해서 신칸센이 지나가는 것이라는 말이 있을 정도로 신칸센은 일본 철도 교통의 근간을 이룬다. 최고시속 300Km 정도로, 큐슈의 하카다에서 오사카를 지나 동경까지, 그리고 다시 동경에서 출발하여 북쪽의 니가타, 나가노, 아키타, 하치노헤로 향한다.

② **사철(私鐵)** 각 도시에는 JR노선 이외에도 많은 민간철도가 운행되고 있다. 관광지로 유명한 하코네나 닛코, 도바 등으로 가는 경우 민간철도를 이용하면 더욱 편리하다. 동경 여행자들이 나리타공항에 내려서 최초로 이용하게 되는 게이세이센이나 오사카 지역의 한큐, 한신 등이 대표적이다.

2 | 지하철

도쿄, 오사카 모두 JR 그룹이 운행하는 간죠센을 중심으로, 다양한 노선이 운행되고 있다. 도쿄 시내의 지하철은 민영지하철 8개 노선과 시에서 운영하는 도영지하철 4개 노선 등 총 12개 노선이 복잡하게 얽혀 있으며 도심의 전철과 연결되어 있다. 도쿄 시내에서는 지하철만 잘 갈아타면 행선지까지 가는데 별 어려움이 없다. 민영지하철은 긴자센(지하철 노선표 중 오렌지색)을 비롯하여 지요다센(녹색), 마루노우치센(빨강), 도자이센(연청색), 히비야센(은색), 유라쿠초센(노랑색), 한조몬센(보라색), 난보쿠센(엷은 녹색) 등이 있다.

3 | 택시

일본의 택시는 합승이 없으며 탑승시간을 기준으로 미터기에 표시된 금액만 지불하면 된다. 모든 역이나 큰 거리에서는 쉽게 택시를 잡을 수가 있지만, 시간이 촉박하거나 택시 잡기가 어려울 때는 전화를 걸거나 내리기 전에 택시기사와 미리 약속을 해두면 정해진 시간에 편리하게 이용할 수 있다. 일본어를 말하지 못한다 해도, 일본어로 써진 주소나 명함을 제시하면 목적지까지 정확하게 데려다 준다. 빈 택시는 조수석 위쪽에 적색 램프가 점등되어 있으며, 이런 택시를 향해 손을 들면 선다.

필수 상황표현 BEST

01 택시 승차장은 어디입니까?

02 (주소를 보여주며) 여기로 가주세요.

03 여기서 세워주세요.

04 택시 한 대를 즉시 보내주시겠어요?

05 표는 어디에서 사는 건가요?

06 도쿄타워엔 몇 번 버스가 가나요?

07 교토까지 편도로 2장 부탁해요.

08 현재 위치를 가르쳐주세요.

09 길을 잃었어요. 여기가 어디인가요?

10 역이 어딘지 가르쳐 주시겠어요?

タクシー乗り場は どこですか。
타꾸시-노리바와 도꼬데스까

ここへ 行って ください。
고꼬에 잇떼 구다사이

ここで 止めて ください。
고꼬데 도메떼 구다사이

タクシーを 一台 すぐ お願いできますか。
타꾸시-오 이찌다이 스구 오네가이데끼마스까

切符は どこで 買うんですか。
김뿌와 도꼬데 가운데스까

東京タワーには 何番バスが 行きますか。
도-쿄-타와-니와 남방바스가 이끼마스까

京都まで 片道 2枚 お願いします。
교-또마데 가따미찌 니마이 오네가이시마스

現在の 位置を 教えて ください。
겐자이노 이찌오 오시에떼 구다사이

道に 迷いました。ここは どこですか。
미찌니 마요이마시따. 고꼬와 도꼬데스까

駅が どこか 教えて いただけますか。
에끼가 도꼬까 오시에떼 이따다께마스까

01 택시 이용하기 1

택시 승차장은 어디입니까?

タクシー乗り場は どこですか。

타꾸시-노리바와 도꼬데스까

(주소를 보여주며) 여기로 가주세요.

ここへ 行って ください。

고꼬에 잇떼 구다사이

하얏트호텔까지 가주세요.

ハイアット ホテルまで 行って ください。

하이앗또 호테루마데 잇떼 구다사이

트렁크를 열어 주시겠어요?

トランクを 開けて いただけますか。

토랑꾸오 아께떼 이따다께마스까

Let's go Cheerful Travel Japanese

호텔까지 가는 데 얼마나 걸릴까요?

ホテルまで 行(い)くのに どのくらい かかりますか。

호테루마데 이꾸노니 도노꾸라이 가까리마스까

좀더 천천히 가주세요.

もっと ゆっくり 走(はし)って ください。

못또 육꾸리 하싯떼 구다사이

바쁜데, 좀 빨리 가주세요.

急(いそ)いでいるので, ちょっと 速(はや)く 行(い)って ください。

이소이데이루노데 촛또 하야꾸 잇떼 구다사이

교통과 이동

여기서 기다려 주실래요?

ここで 待(ま)って もらえませんか。

고꼬데 맛떼 모라에마셍까

02 택시 이용하기 2

(메모를 보이며) 이 주소에서 내려주시겠어요?

この 住所で 降ろして くれませんか。

고노 쥬-쇼데 오로시떼 구레마셍까

여기서 세워주세요.

ここで 止めて ください。

고꼬데 도메떼 구다사이

좀더 앞까지 가주세요.

もう少し 先まで 行って ください。

모-스꼬시 사끼마데 잇떼 구다사이

얼마 나왔어요?

おいくらですか。

오이꾸라데스까

Let's go Cheerful Travel Japanese

여기 있습니다. 거스름돈은 필요 없어요.

ここに あります。おつりは いらないです。

고꼬니 아리마스. 오쯔리와 이라나이데스

요금이 미터기와 다르군요.

料金が メーターと 違います。

료-낑가 메-따-또 치가이마스

택시 한 대를 즉시 보내주시겠어요?

タクシーを 一台 すぐ お願いできますか。

타꾸시-오 이찌다이 스구 오네가이데끼마스까

택시가 아직 안 왔어요.

タクシーが まだ 来ません。

타꾸시-가 마다 기마셍

03 **지하철**과 **전철** 이용하기

가까운 전철역은 어디인가요?
近い 駅は どこですか。
치까이 에끼와 도꼬데스까

표는 어디에서 사는 건가요?
切符は どこで 買うんですか。
깁뿌와 도꼬데 가운데스까

우에노로 가는 것은 어느 선인가요?
上野へ 行くのは どの 線ですか。
우에노에 이꾸노와 도노 센데스까

신주쿠에 가려면 무슨 선을 타면 되나요?
新宿に 行くには 何線に 乗れば いいのですか。
신쥬꾸니 이꾸니와 나니센니 노레바 이-노데스까

Let's go Cheerful Travel Japanese

이 지하철은 긴자역에 섭니까?
この 電車は 銀座駅に 止まりますか。
고노 덴샤와 긴자에끼니 도마리마스까

무슨 선으로 갈아타야 하나요?
何線に 乗り換えれば いいですか。
나니센니 노리까에레바 이-데스까

마지막 전철은 몇 시입니까?
終電は 何時でしょうか。
슈-뎅와 난지데쇼-까

공항에 가려면 어느 출구로 나가야 합니까?
空港に 行くには どの 出口から 出れば いいですか。
쿠-코-니 이꾸니와 도노 데구찌까라 데레바 이-데스까

교통과 이동

04 버스 이용하기

버스정류장은 어디인가요?
バス停は どこですか。
바스떼-와 도꼬데스까

이 버스는 시내에 가나요?
この バスは 市内に 行きますか。
고노 바스와 시나이니 이끼마스까

도쿄타워엔 몇 번 버스가 가나요?
東京タワーには 何番バスが 行きますか。
도-쿄-타와-니와 남방바스가 이끼마스까

하토버스 승차장은 어디인가요?
はとバス 乗り場は どこですか。
하또바스 노리바와 도꼬데스까

버스 요금은 얼마인가요?

バスの 料金は いくらですか。

바스노 료-낑와 이꾸라데스까

버스는 얼마나 자주 오나요?

バスは どれくらいの 間隔で 来ますか。

바스와 도레꾸라이노 깡까꾸데 기마스까

도착하면 알려주세요.

着いたら 教えて ください。

쯔이따라 오시에떼 구다사이

여기서 내려주세요.

ここで 降ろして ください。

고꼬데 오로시떼 구다사이

05 기차[신칸센] 이용하기

오사까행 기차표를 예매하고 싶은데요.
大阪行きの 切符を 買いたいんですが。
오-사까유끼노 깁뿌오 가이따인데스가

2시 열차에 빈자리가 있나요?
2時の 列車に 空席は ありますか。
니지노 렛샤니 구-세끼와 아리마스까

내일 아침 도쿄행 표가 있나요?
明日の 朝の 東京行きの 切符は ありますか。
아시따노 아사노 도-꾜-유끼노 깁뿌와 아리마스까

교토까지 편도로 2장 부탁해요.
京都まで 片道 2枚 お願いします。
교-또마데 가따미찌 니마이 오네가이시마스

Let's go Cheerful Travel Japanese

오늘 막차는 몇 시에 있나요?
今日の 終電は 何時でしょうか。
쿄-노 슈-뎅와 난지데쇼-까

급행열차가 있나요?
急行列車が ありますか。
큐-꼬-렛샤가 아리마스까

도중에 하차할 수 있나요?
途中下車は できますか。
도쮸-게샤와 데끼마스까

5번 홈은 어디인가요?
5番ホームは どこですか。
고방 호-무와 도꼬데스까

교통과 이동

06 렌터카 빌리기

여기서 렌터카를 예약할 수 있나요?

ここで レンタカーの 予約が できますか。

고꼬데 렌따카-노 요야꾸가 데끼마스까

차를 한 대 빌리고 싶어요.

車を 一台 借りたいです。

구루마오 이찌다이 가리따이데스

소형차가 있나요?

軽自動車は ありますか。

케-지도-샤와 아리마스까

오토매틱밖에 운전하지 못해요

オートマチックしか 運転できません。

오-또마칙꾸시까 운뗀 데끼마셍

Let's go Cheerful Travel Japanese

면허증을 좀 보여주시겠어요?
免許証を 見せて いただけますか。
멩꾜쇼-오 미세떼 이따다께마스까

여기 있어요. 제 국제운전면허증이에요.
はい、どうぞ。私の 国際運転免許証です。
하이 도-조. 와따시노 고꾸사이운뗌멩꾜쇼-데스

1일 요금은 얼마인가요?
一日の 料金は いくらですか。
이찌니찌노 료-낑와 이꾸라데스까

차를 어디에 반납해야 하나요?
車を どこに 返却すれば いいですか。
구루마오 도꼬니 헹캬꾸스레바 이-데스까

07 자동차 운행할 때

도로지도를 주실래요?

道路地図を いただけますか。

도-로찌즈오 이따다께마스까

안전벨트를 매셨어요?

シートベルトを 締めましたか。

시-또베루또오 시메마시따까

히터 좀 꺼 주시겠어요?

ヒーターを ちょっと 消して いただけますか。

히-타-오 춋또 게시떼 이따다께마스까

기름이 다 떨어져 가고 있어요.

ガソリンが 無くなりそうです。

가소링가 나꾸나리소-데스

Let's go Cheerful Travel Japanese

휘발유를 가득 채워 주세요.

ガソリンを 満タンに 入れて ください。

가소링오 만탕니 이레떼 구다사이

차 좀 빼 주세요.

車を ちょっと 出して ください。

구루마오 촛또 다시떼 구다사이

여기에 주차해도 될까요?

ここに 駐車しても いいですか。

고꼬니 츄-샤시떼모 이-데스까

주차요금은 시간당 얼마인가요?

駐車料金は 一時間毎に いくらですか。

츄-샤료-낑와 이찌지깡고또니 이꾸라데스까

08 위치나 장소를 물을 때

현재 위치를 가르쳐주세요.
現在の 位置を 教えて ください。
겡자이노 이찌오 오시에떼 구다사이

우에노 공원은 이 길로 가면 되나요?
上野公園は この 道で いいんでしょうか。
우에노 코-엥와 고노 미찌데 이인데쇼-까

그곳이 호텔과 가까운가요?
そこは ホテルと 近いですか。
소꼬와 호테루또 치까이데스까

북쪽이 어디죠?
北側は どちらですか。
기따가와와 도찌라데스까

우체국은 어느 방향인가요?
郵便局は どちらの 方向ですか。
유-빙꾜꾸와 도찌라노 호-꼬-데스까

오른쪽에 있나요, 왼쪽에 있나요?
右側に ありますか、左側に ありますか。
미기가와니 아리마스까 히다리가와니 아리마스까

지름길을 아세요?
近道を 知っていますか。
치까미찌오 싯떼이마스까

제게 약도를 그려주시겠어요?
私に 略図を 書いて くれませんか。
와따시니 랴꾸즈오 가이떼 구레마셍까

09 길을 잃었을 때

길을 잃었어요. 여기가 어디인가요?
道に 迷いました。ここは どこですか。
미찌니 마요이마시따. 고꼬와 도꼬데스까

역이 어딘지 가르쳐 주시겠어요?
駅が どこか 教えて いただけますか。
에끼가 도꼬까 오시에떼 이따다께마스까

여기서 아주 먼가요?
ここから すごく 遠いですか。
고꼬까라 스고꾸 도오이데스까

거기까지 가는데 얼마나 걸리나요?
そこまで 行くのに どのくらい かかりますか。
소꼬마데 이꾸노니 도노꾸라이 가까리마스까

Let's go Cheerful Travel Japanese

여기서 멀지 않아요.

ここから 遠くは ありません。

고꼬까라 도오꾸와 아리마셍

잘못 돌았습니다. 되돌아가세요.

間違って 曲がりました。戻って ください。

마찌갓떼 마가리마시따. 모돗떼 구다사이

가는 법을 적어 주시겠어요?

行き方を 書いて いただけますか。

이끼가따오 가이떼 이따다께마스까

이 지도에 그곳을 표시해 주세요.

この 地図に それを 表示して ください。

고노 치즈니 소레오 효-지시떼 구다사이

교통과 이동

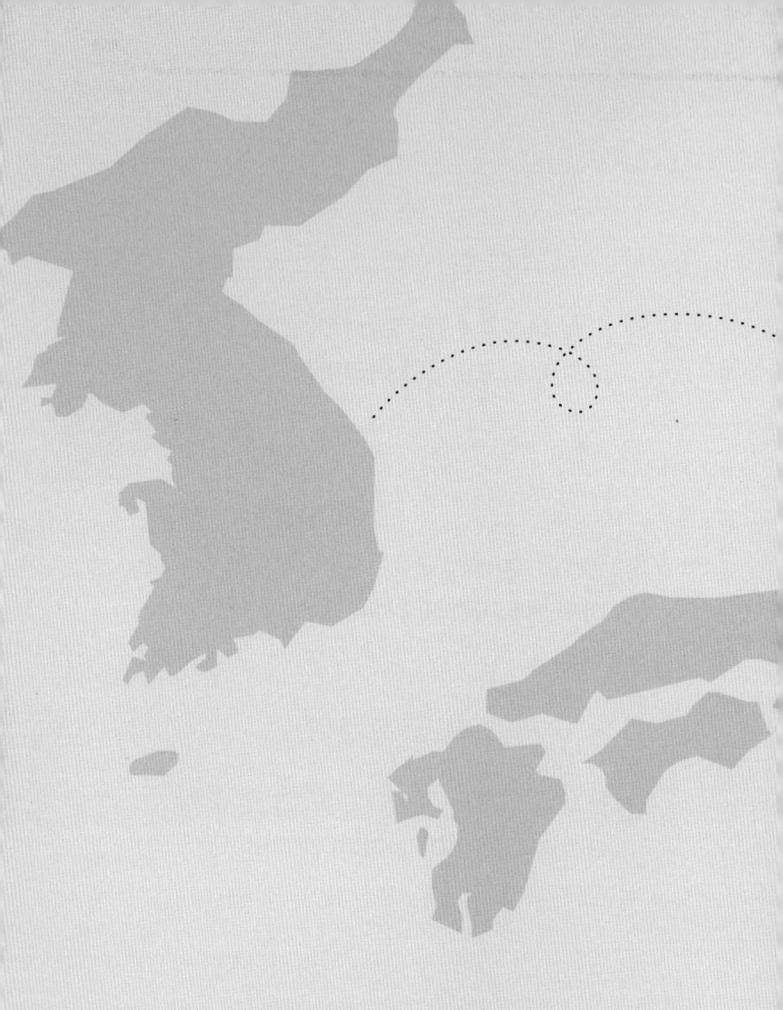

01 숙소 예약 02 체크인 03 객실 이용과 클레임 04 룸서비스
05 호텔의 시설 이용 06 체크아웃 07 유스호스텔 이용

Part 04 호텔

숙소이용 노하우

1 | 특급(서양식) 호텔

특급호텔은 일본 전국에 걸쳐 다양하게 분포되어 있으며, 대도시에는 어느 곳에나 유명한 체인호텔이 있다. 이런 호텔에는 스탭들이 영어를 구사할 수 있는 경우가 대부분이다.

2 | 비즈니스호텔

일본의 숙박시설 네트워크에 최근에 부가된 비즈니스호텔은 저렴하게 일본을 여행하려는 관광객들에게 있어서는 최적의 호텔이라고 말할 수 있다. 주로 철도역과의 교통편이 편리한 지역에 자리 잡고 있다.

3 | 료칸(旅館)

우아한 옛 귀족의 기분을 느끼며 일본에 체재하고 싶다면 '료칸'이라는 일본풍의 숙소에 하룻밤 정도 머물러 보는 것이 제일이다. 료칸의 객실 크기는 싱글 룸 정도의 넓이로, 바닥은 '다타미'라고 하는 짚으로 짜여진 전통적인 장판으로, 그 위에는 작고 낮은 탁자가 놓여 있다. '온센'이라고 불리는 고급온천의 리조트 대부분은 온천 근처에 료칸이 세워져 있는 장소를 가리킨다. 료칸의 요금은 매우 다양하며, 비싼 요금을 받는 고급 료칸도 몇몇 있지만 보통 두 끼의 식사가 딸린 1인 1박의 경우 15,000~30,000엔 정도이며, 세금과 서비스요금은 별도로 청구된다.

4 | 민숙(민슈쿠)

민숙에 머물면 일본을 저렴하게 여행하면서 일상생활에서는 체험하기 힘든 새로운 여행의 맛을 즐길 수 있다. 일본판 게스트 홈이라고 할 수 있는 민숙은 가족경영의 형식으로, 경영자가 자기 집의 일부를 빌려주는 것이다.

5 | 유스호스텔

유스호스텔에서 묵을 예정이라면 회원증이 있어야 한다. 일본에는 전국적으로 약 330여개의 유스호스텔이 전국적으로 네트워크를 형성하고 있으며 숙박요금은 일박에 3,000엔 전후(식사별도, 2식 포함 약 4,500엔)로 경제적이다. 대규모 시설에서부터 홈스테이를 연상하게 하는 소규모 시설, 절이나 신사 등 문화재로 지정된 역사적인 시설이 있는 아주 특징 있는 유스호스텔이 많다.

일본 유스호스텔 한국어홈페이지 www.jyh.or.jp/kr

필수 상황표현 BEST

01 실례지만, 빈 방 있나요?

02 트윈룸으로 부탁해요.

03 1박에 얼마인가요?

04 아침식사 포함인가요?

05 방을 보여 주세요.

06 열쇠를 방에 두고 나왔어요.

07 룸서비스 부탁해요.

08 아침 7시에 깨워주세요.

09 체크아웃을 부탁해요.

10 출발할 때까지 짐을 맡아 주시겠어요?

すみませんが、お部屋 ありますか。
스미마셍가 오헤야 아리마스까

ツインルームを お願いします。
츠잉루-무오 오네가이시마스

1泊 いくらですか。
입빠꾸 이꾸라데스까

朝食 付ですか。
쵸-쇼꾸 쯔끼데스까

部屋を 見せて ください。
헤야오 미세떼 구다사이

鍵を 部屋に 忘れました。
카기오 헤야니 와스레마시따

ルームサービスを お願いします。
루-무사-비스오 오네가이시마스

朝 7時に 起こして ください。
아사 시찌지니 오꼬시떼 구다사이

チェックアウトを お願いします。
첵꾸아우또오 오네가이시마스

出発まで 荷物を 預かって もらえますか。
슙빠쯔마데 니모쯔오 아즈깟떼 모라에마스까

01 숙소 예약

실례지만, 빈 방 있나요?

すみませんが、お部屋 ありますか。

스미마셍가 오헤야 아리마스까

트윈룸으로 부탁해요.

ツインルームを お願いします。

츠잉루-무오 오네가이시마스

전망이 좋은 방으로 부탁해요.

眺めの いい 部屋を お願いします。

나가메노 이- 헤야오 오네가이시마스

1박에 얼마인가요?

1泊 いくらですか。

입빠꾸 이꾸라데스까

아침식사 포함인가요?

朝食 付ですか。

쵸-쇼꾸 쓰끼데스까

더 싼 방은 없습니까?

もっと 安い 部屋は ありませんか。

못또 야스이 헤야와 아리마셍까

방을 보여 주세요.

部屋を 見せて ください。

헤야오 미세떼 구다사이

이 방으로 할게요.

この 部屋に します。

고노 헤야니 시마스

02 체크인

체크인은 어디서 하나요?

チェックインは どこで しますか。

쳌꾸잉와 도꼬데 시마스까

예약은 하셨나요?

予約は されて いますか。

요야꾸와 사레떼 이마스까

예약은 한국에서 했어요.

予約は 韓国で 済ませました。

요야꾸와 강꼬꾸데 스마세마시따

체크인을 부탁해요.

チェックインを お願いします。

쳌꾸잉오 오네가이시마스

Let's go Cheerful Travel Japanese

성함을 말씀하십시오.
お名前を どうぞ。
오나마에오 도-조

천재민이라고 합니다.
千宰旻と いいます。
천재민또 이-마스

숙박카드를 작성해 주세요.
宿泊カードに ご記入 ください。
슈꾸하꾸 카-도니 고끼뉴- 구다사이

짐을 방까지 옮겨 주시겠어요?
荷物を 部屋まで 運んで くれますか。
니모쯔오 헤야마데 하꼰데 구레마스까

호텔

03 객실 이용과 클레임

카드 키는 어떻게 사용하나요?

カードキーは どうやって 使_{つか}いますか。

카-도키-와 도-얏떼 츠까이마스까

방을 따뜻하게 해주세요.

部屋_{へや}を 暖_{あたた}かくして ください。

헤야오 아따따까꾸시떼 구다사이

뜨거운 물이 나오지 않는데요.

お湯_ゆが 出_でないのですが。

오유가 데나이노데스가

타월을 바꿔주세요.

タオルを 取_とり替_かえてください。

타오루오 도리까에떼 구다사이

Let's go Cheerful Travel Japanese

방 청소가 아직 안 됐어요.
部屋が まだ 掃除されて いません。
헤야가 마다 소-지사레떼 이마셍

에어컨이 작동하지 않아요.
エアコンが 動いて いません。
에아꽁가 우고이떼 이마셍

빨리 고쳐주세요.
すぐ 修理に 来て ください。
스구 슈-리니 기떼 구다사이

열쇠를 방에 두고 나왔어요.
鍵を 部屋に 忘れました。
카기오 헤야니 와스레마시따

호텔

04 룸서비스

301호실인데요.
301号室ですが。
さんびゃくいち ごうしつ
산뱌꾸이찌 고-시쯔데스가

룸서비스 부탁해요.
ルームサービスを お願いします。
ねが
루-무사-비스오 오네가이시마스

내일 아침 8시에 아침을 먹고 싶은데요.
明日の朝 8時に 朝食を 食べたいのですが。
あした あさ はちじ ちょうしょく た
아시따노 아사 하찌지니 쵸-쇼꾸오 다베따이노데스가

얼음과 물을 갖다 주시겠어요?
氷と お水を 持ってきて いただけませんか。
こおり みず も
고-리또 오미즈오 못떼끼떼 이따다께마셍까

Let's go Cheerful Travel Japanese

우유와 토스트를 주세요.

ミルクと トーストを お願いします。

미루쿠또 토-스또오 오네가이시마스

어느 정도 시간이 걸립니까?

どのくらい 時間が かかりますか。

도노꾸라이 지깡가 가까리마스까

모닝콜을 부탁해요.

モーニングコールを お願いします。

모-닝구코-루오 오네가이시마스

아침 7시에 깨워주세요.

朝 7時に 起こして ください。

아사 시찌지니 오꼬시떼 구다사이

호텔

05 호텔의 **시설 이용**

레스토랑 예약 좀 해 주실래요?

レストランを 予約して いただけますか。

레스또랑오 요야꾸시떼 이따다께마스까

식당은 몇 시까지 하나요?

食堂は 何時まで 開いて いますか。

쇼꾸도-와 난지마데 아이떼 이마스까

바는 언제까지 하나요?

バーは いつまで 開いて いますか。

바-와 이쯔마데 아이떼 이마스까

귀중품을 맡아주세요.

貴重品を 預かって ください。

키쵸-힝오 아즈깟떼 구다사이

Let's go Cheerful Travel Japanese

인터넷을 사용하고 싶은데요.

インターネットが 使いたいのですが。
인따-넷또가 쯔까이따 이노데스가

이메일을 체크하고 싶은데요.

イーメールを チェックしたいのですが。
이-메-루오 첵꾸시따 이노데스가

팩스는 있나요?

ファックスは ありますか。
확꾸스와 아리마스까

세탁 서비스는 있나요?

洗濯の サービスは ありますか。
센따꾸노 사-비스와 아리마스까

호텔

06 체크아웃

체크아웃을 부탁해요.
チェックアウトを お願いします。
첵꾸아우또오 오네가이시마스

계산이 틀린 것 같은데요.
計算違いが あるようです。
케―산찌가이가 아루요―데스

방에 물건을 두고 나왔어요.
部屋に 忘れ物を しました。
헤야니 와스레모노오 시마시따

감사해요. 즐겁게 보냈어요.
ありがとう。快適な 滞在でした。
아리가또― 가이떼끼나 타이자이데시따

Let's go Cheerful Travel Japanese

출발할 때까지 짐을 맡아 주시겠어요?

出発まで 荷物を 預かって もらえますか。

슙빠쯔마데 니모쯔오 아즈깟떼 모라에마스까

택시를 불러주세요.

タクシーを 呼んで ください。

타꾸시-오 욘데 구다사이

하룻밤 더 묵고 싶은데요.

もう一泊 したいのですが。

모- 입빠꾸 시따이노데스가

예정보다 하루 빨리 떠나려고요.

予定より 一日 早く たちます。

요떼-요리 이찌니찌 하야꾸 타찌마스

호텔

07 유스호스텔 이용

유스호스텔은 개장중인가요?
ユースホテルは 開場中ですか。
유-스호스테루와 가이죠-쥬-데스까

회원증은 갖고 계십니까?
会員証は お持ちですか。
가이인쇼-와 오모찌데스까

네, 가지고 있어요.
はい, 持って います。
하이 못떼 이마스

며칠 간 묵으실 겁니까?
何日間 お泊まりに なりますか。
난니찌깐 오또마리니 나리마스까

오늘밤부터 3박이에요.
今晩から 3泊です。
곰방까라 삼빠꾸데스

식당은 어디입니까?
食堂は どこですか。
쇼꾸도-와 도꼬데스까

옆방이 무척 시끄러워요.
となりの 部屋が とても うるさいんです。
도나리노 헤야가 도떼모 우루사인데스

비상구는 어디에 있나요?
非常口は どこに ありますか。
히죠-구찌와 도꼬니 아리마스까

호텔

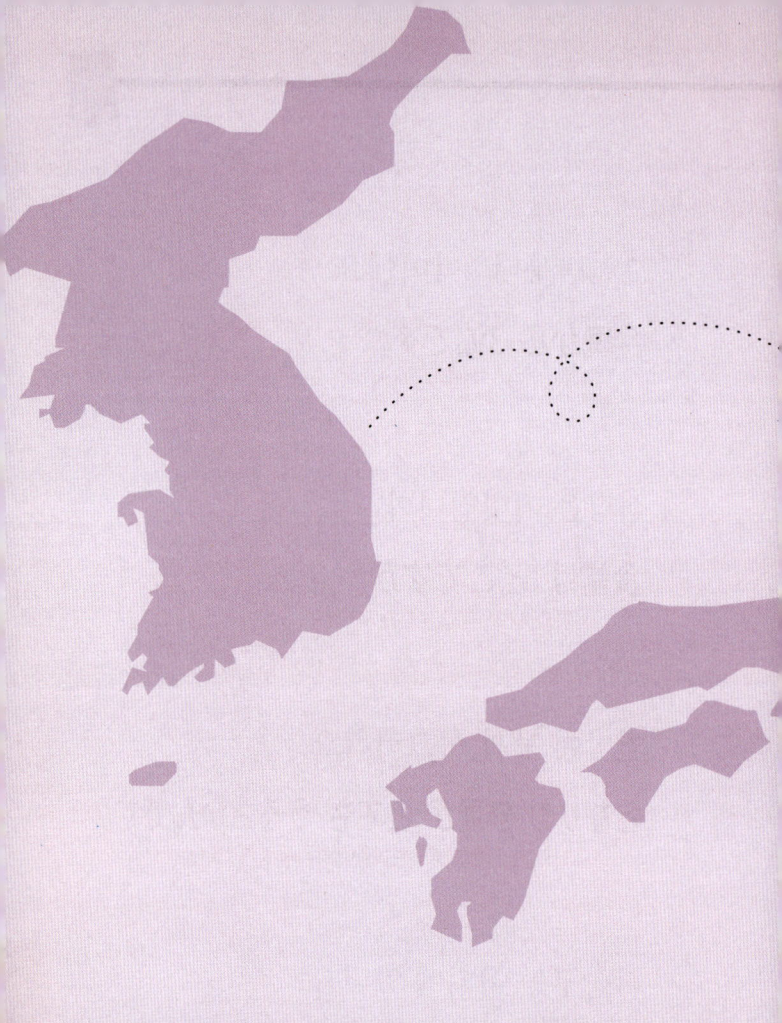

01 식당 찾기와 예약 02 식당의 자리 안내 03 메뉴 보기
04 음식 주문 05 문제 발생과 주문 확인 06 필요한 것을 요청할 때
07 후식 주문과 계산하기 08 패스트푸드점에서 09 술집[이자카야]에서

Part 05
식당

일본 음식 즐기기

1 | 일본의 대표적인 음식

오사카 남쪽 번화가에 위치한 도톤보리는 일본에서 가장 맛있는 거리라고 불린다. 일본 제일이라고 불리는 다코야키 가게를 비롯해서 게요리점, 라면 가게 등으로 하루 종일 맛있는 냄새를 풍기는 그야말로 먹자골목이다.

일본에서는 일반적인 스시, 사시미, 덴푸라, 스키야키, 샤부샤부, 대중적이고 서민적인 라면, 소바, 오코노미야키,

야키도리, 노바타야키, 우리나라의 덮밥 형식인 규동, 텐동, 카레동, 부타동 등 다채로운 요리를 즐길 수 있다. 일본 음식의 공통점은 신선한 재료가 지니는 본래의 맛을 잘 살린 음식이라는 점이다.

2 | 일본의 전통요리

일본의 고급 요정에서 맛볼 수 있는 가이세키 요리는 시간을 들여 만든 요리를 순서에 맞게 손님에게 제공하는 일본식 고급 코스 요리를 말한다. 이 밖에도 일본에는 각 지역의 특성을 살린 전통요리들이 있다. 일본의 전통 관혼상제 요리인 혼젠 요리, 다도에서 내놓는 가이세키 요리, 혼젠 요리를 간소화한 가이세키 요리, 채식요리인 쇼진 요리, 산진 요리, 운스이 요리 등이 있다.

3 | 일본의 대중음식점

일본의 대중음식점은 가게 앞에 완성된 요리를 모형으로 만들어 전시해 두는 경우가 많기 때문에 먹고 싶은 요리를 손쉽게 선택할 수 있다. 가격이 함께 붙어 있어 미리 예산을 정하기도 쉽고, 메뉴판에도 대부분 사진이 첨부되어 있기 때문에 밖에서 본 요리를 쉽게 알아볼 수 있다.
식사비를 절약하고 싶다면 백화점 내 레스토랑, 고층빌딩의 지하상가 등의 레스토랑에서 1,000엔에서 2,000엔 전후의 가격으로 맛있는 음식을 즐길 수 있다. 영어로 된 메뉴판이 준비되어 있지 않은 경우가 많기 때문에 레스토랑 입구에 전시되어 있는 플라스틱으로 만들어진 샘플을 참고하는 것이 좋다.

필수 상황표현 BEST

01 5명의 자리 좀 예약해 주시겠어요?

02 창가 쪽 자리가 좋아요.

03 메뉴 좀 보여주세요.

04 이 집에서 잘하는 게 뭔가요?

05 (종업원을 부르며) 주문 좀 받으세요.

06 (메뉴를 가리키며) 이것과 이것으로 주세요.

07 주문한 음식이 아직 안 나왔어요.

08 미안하지만, 이걸 치워주세요.

09 포장해 주세요.

10 청주 한 병 부탁해요.

5人の 席を 予約したいのですが。
고닌노 세끼오 요야꾸시따이노데스가

窓際の 席が いいのですが。
마도기와노 세끼가 이-노데스가

メニューを お願いします。
메뉴-오 오네가이시마스

この 店の おすすめは 何ですか。
고노 미세노 오스스메와 난데스까

注文を したいのですが。
쥬-몽오 시따이노데스가

これと これを お願いします。
고레또 고레오 오네가이시마스

注文した ものが 来ていません。
쥬-몬시따 모노가 기떼이마셍

すみませんが、これを 下げて ください。
스미마셍가 고레오 사게떼 구다사이

持ち帰りに して ください。
모찌까에리니 시떼 구다사이

清酒 一本 お願いします。
세-슈 입뽕 오네가이시마스

01 식당 찾기와 예약

맛있는 집을 소개해 주세요.
何か おいしいものを 紹介して ください。
나니까 오이시-모노오 쇼-까이시떼 구다사이

이 근처에 한국 식당이 있나요?
この 近くに 韓国料理屋は ありますか。
고노 치까꾸니 캉꼬꾸료-리야와 아리마스까

맛있는 일본 요리집이 있나요?
おいしい 日本料理屋が ありますか。
오이시- 니혼료-리야가 아리마스까

별로 비싸지 않은 식당이 좋아요.
あまり 高くない 食堂が いいです。
아마리 타까꾸나이 쇼꾸도-가 이-데스

Let's go Cheerful Travel Japanese

식당

이곳 사람들이 자주 가는 우동집이 있나요?
地元の 人が よく 行く うどん屋は ありますか。
지모또노 히또가 요꾸 이꾸 우동야와 아리마스까

오늘밤 예약하고 싶은데요.
今晩、席を 予約したいのです。
곰방 세끼오 요야꾸 시따이노데스

5명의 자리 좀 예약해 주시겠어요?
5人の 席を 予約したいのですが。
고닌노 세끼오 요야꾸시따이노데스가

8시에 두 사람 예약했어요.
8時に 二人 予約しました。
하찌지니 후따리 요야꾸시마시따

02 식당의 **자리 안내**

창가 쪽 자리가 좋아요.

窓際の 席が いいのですが。

마도기와노 세끼가 이-노데스가

조용한 안쪽 자리로 부탁해요.

静かな 奥の 席に お願いします。

시즈까나 오꾸노 세끼니 오네가이시마스

흡연석으로 부탁합니다.

喫煙席に お願いします。

기쯔엔세끼니 오네가이시마스

더 큰 테이블은 없나요?

もっと 大きい テーブルは ありませんか。

못또 오-끼이 테-부루와 아리마셍까

Let's go Cheerful Travel Japanese

식당

자리까지 안내해 주실래요?

席まで 案內して いただけますか。
せき　あんない

세끼마데 안나이시떼 이따다께마스까

이쪽으로 오세요.

こちらへ どうぞ。

꼬찌라에 도-조

몇 시 정도에 자리가 납니까?

何時なら 席を とれますか。
なんじ　せき

난지나라 세끼오 도레마스까

동석해도 괜찮을까요?

相席しても いいでしょうか。
あいせき

아이세끼시떼모 이-데쇼-까

03 메뉴 보기

메뉴 좀 보여주세요.

メニューを お願いします。

메뉴-오 오네가이시마스

추천요리는 무엇인가요?

おすすめは 何ですか。

오스스메와 난데스까

이곳의 이름난 요리는 뭔가요?

この 土地の 名物料理は 何ですか。

고노 토찌노 메이부쯔료-리와 난데스까

오늘의 특별 요리가 있나요?

今日の 特別 料理は ありますか。

쿄-노 도꾸베쯔 료-리와 아리마스까

Let's go Cheerful Travel Japanese

식당

이 집에서 잘하는 게 뭔가요?
この 店の おすすめは 何ですか。
고노 미세노 오스스메와 난데스까

가볍게 식사를 하고 싶어요.
軽い 食事を したいのです。
가루이 쇼꾸지오 시따이노데스

가장 빨리 되는 요리가 뭔가요?
一番 早く 出せる 料理は 何ですか。
이찌방 하야꾸 다세루 료-리와 난데스까

그곳은 예약이 필요한가요?
そこに いくには 予約が 必要ですか。
소꼬니 이꾸니와 요야꾸가 히쯔요-데스까

04 음식 **주문**

(종업원을 부르며) 주문 좀 받으세요.
注文を したいのですが。
츄-몽오 시따이노데스가

먼저 마실 것을 주문하고 싶은데요.
まず **飲物**を **注文**したいのですが。
마즈 노미모노오 츄-몬시따이노데스가

(메뉴를 가리키며) 이것과 이것으로 주세요.
これと これを お**願**いします。
고레또 고레오 오네가이시마스

같은 것으로 부탁해요.
同じ **物**で お**願**いします。
오나지 모노데 오네가이시마스

Let's go Cheerful Travel Japanese

식당

쇠고기덮밥을 주세요.

牛丼を ください。

규―동오 구다사이

이 스시는 무엇인가요?

この 寿司は 何ですか。

고노 스시와 난데스까

김치는 있나요?

キムチは ありますか。

기무치와 아리마스까

이 요리 맛있네요.

この 料理 うまいですね。

고노 료―리 우마이데스네

05 문제 발생과 주문 확인

주문한 음식이 아직 안 나왔어요.
注文した ものが 来ていません。
츄–몬시따 모노가 기떼이마셍

얼마 정도 기다려야 하나요?
どのくらい 待ちますか。
도노꾸라이 마찌마스까

저는 다 익힌 스테이크를 주문했는데요.
私は ウエルダンを 注文したんですけど。
와따시와 웨루당오 츄–몬시딴데스께도

이건 제가 주문한 것이 아닌데요.
これは 私が 注文した 物では ないんですが。
고레와 와따시가 츄–몬시따 모노데와 나인데스가

Let's go Cheerful Travel Japanese

식당

주문을 확인해 주실래요?
注文を 確かめて ください。
츄—몽오 다시까메떼 구다사이

음식이 차가워요.
料理が 冷たいです。
료—리가 쯔메따이데스

이 요리를 데워주세요.
この 料理を 温めて ください。
고노 료—리오 아따따메떼 구다사이

음식에 무언가 들어 있어요.
料理に 何か 入ってますけど。
료—리니 낭까 하잇떼마스께도

125

06 필요한 것을 요청할 때

물수건 좀 주세요.

おしぼりを ください。
오시보리오 구다사이

냅킨을 더 주세요.

ナプキンを もっと ください。
나푸킹오 못또 구다사이

저기요, 물 한 잔 더 주세요.

すみません, お水 もう一杯 お願いします。
스미마셍 오미즈 모-입빠이 오네가이시마스

메뉴판을 다시 갖다 주시겠어요?

メニューを もう一度 持って 来てくれますか。
메뉴-오 모-이찌도 못떼 기떼구레마스까

Let's go Cheerful Travel Japanese

젓가락을 떨어뜨렸어요.
箸を 落として しまいました。
하시오 오또시떼 시마이마시따

새 것으로 바꿔주세요.
新しいのと 取り替えて ください。
아따라시-노또 도리까에떼 구다사이

미안하지만, 이걸 치워주세요.
すみませんが、これを 下げて ください。
스미마셍가 고레오 사게떼 구다사이

남은 음식을 싸 주실래요?
残った 食べ物を 持ち帰りに してくれませんか。
노꼿따 다베모노오 모찌까에리니 시떼구레마셍까

식당

07 후식 주문과 계산하기

음료수 있나요?

飲み物は ありますか。

노미모노와 아리마스까

아이스크림 주세요.

アイスクリームを お願いします。

아이스쿠리-무오 오네가이시마스

디저트는 나중에 주문할게요.

デザートは 後で 注文します。

데자-또와 아또데 츄-몬시마스

계산서 좀 갖다 주시겠어요?

伝票を 持って 来て くれますか。

뎀뾰-오 못떼 기떼 구레마스까

Let's go Cheerful Travel Japanese

식당

봉사료는 포함되어 있나요?
サービス料は 入って いますか。
사-비스료-와 하잇떼 이마스까

이것은 무엇의 가격인가요?
これは 何の 値段ですか。
고레와 난노 네당데스까

내가 계산할게요.
私が 払いますよ。
와따시가 하라이마스요

따로따로 지불하고 싶은데요.
別々に 支払いを したいのですが。
베쯔베쯔니 시하라이오 시따이노데스가

08 패스트푸드점에서

어떤 세트 메뉴가 있나요?

どんな セットメニューが ありますか。

돈나 셋또메뉴-가 아리마스까

3번 세트 메뉴 주세요.

3番の セットメニューを ください。

삼방노 셋또메뉴-오 구다사이

치즈버거 주세요.

チーズバーガーを お願いします。

치-즈바-가-오 오네가이시마스

양파는 빼주세요.

玉ねぎは 抜いて ください。

다마네기와 누이떼 구다사이

Let's go Cheerful Travel Japanese

식 당

감자튀김 중간 거랑 콜라 큰 거 주세요.

フライポテト Mサイズと コーラ Lサイズを ください。
후라이포테토 에무사이즈또 코-라 에루사이즈오 구다사이

케첩을 좀 더 주세요.

ケチャップを もう ちょっと ください。
케챠푸오 모- 춋또 구다사이

포장해 주세요.

持ち帰りに して ください。
모찌까에리니 시떼 구다사이

콜라를 좀 더 주시겠습니까?

コーラを もう 少し いただけますか。
코-라오 모- 스코시 이따다께마스까

09 술집[이자카야]에서

제일 시원한 맥주로 주세요.
一番 冷たい ビールを ください。
이찌방 쯔메따이 비-루오 구다사이

생맥주 한 잔 주세요.
生ビールを 一杯 ください。
나마비-루오 입빠이 구다사이

청주 한 병 부탁해요.
清酒 一本 お願いします。
세-슈 입뽕 오네가이시마스

이 술은 독한가요?
この お酒は 強いですか。
고노 오사께와 츠요이데스까

Let's go Cheerful Travel Japanese

식당

꼬치구이를 주세요.
串焼きを ください。
쿠시야끼오 구다사이

얼음 넣은 위스키 한 잔 주세요.
氷を 入れて ウィスキーを 一杯 ください。
고오리오 이레떼 위스키-오 입빠이 구다사이

한 잔 더 주실래요?
もう 一杯 いただけますか。
모- 입빠이 이따다께마스까

건배해요. 건배!
乾杯しましょう。乾杯。
감빠이시마쇼- 감빠이

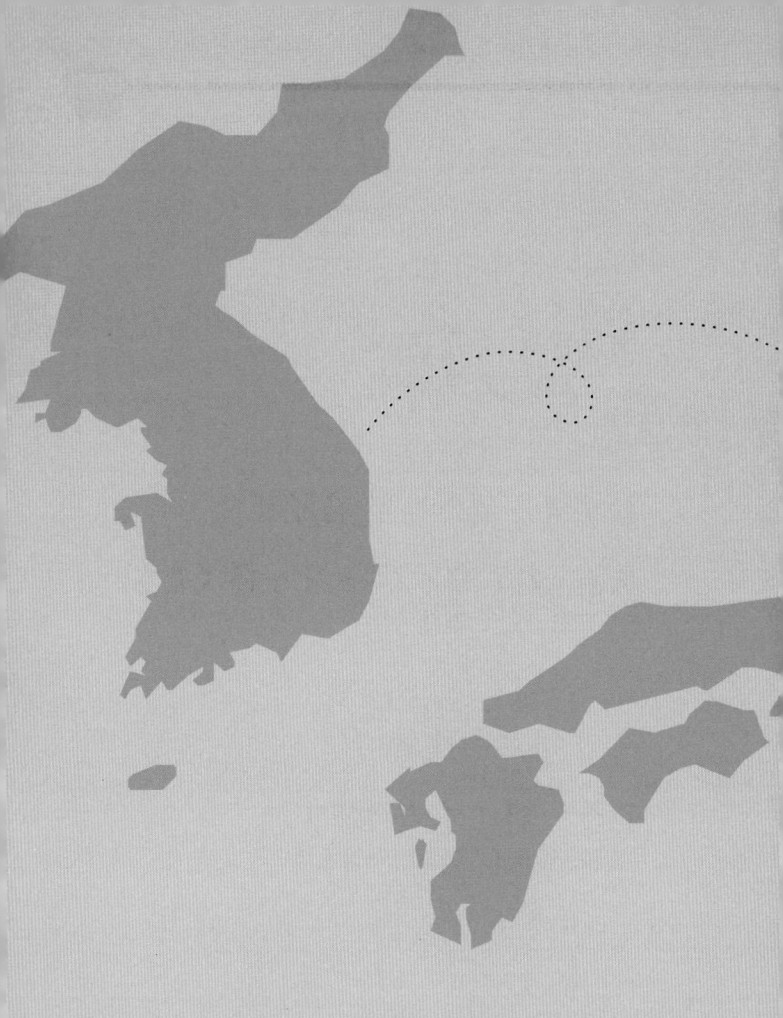

01 관광안내소 1 02 관광안내소 2 03 관광버스와 가이드 문의
04 관광지에서 1 05 관광지에서 2 06 유람선과 케이블카 타기
07 가부키 관람 08 클럽과 노래방 09 기념 사진

Part 06 관광

특색있는 관광정보

Tip 6

1 | 도쿄 관광

① 일본의 정치 및 경제의 중심일 뿐만 아니라 세계의 경제, 문화의 중심지로 발전하였으며, 그런 만큼 볼만한 곳도 많이 있다. 세계의 유명 브랜드가 모여 있는 '긴자', 불야성이라고도 일컬어지는 '신주쿠', 전통문화의 향기가 남아 있는 '아사쿠사', 젊은층 문화의 발신기지인 '시부야' 등 대규모 번화가뿐만 아니라 전기상가가 밀집해 있어 외국인 쇼핑객들이 많은 컴퓨터 거리 '아키하바라', 일본의 식탁을 책임지는 '쓰키지 시장' 등 특색 있는 거리가 많다.

② 하토 버스(HATO BUS) : 도쿄의 명소를 가이드의 설명을 들으며 관광할 수 있는 버스투어이다. 하토버스 터미널까지 찾아가지 않아도 도쿄의 주요 호텔까지 픽업서비스를 하고 있어 이용이 편리하다. 투어에 따라서는 한국어 안내가 가능한 자동가이드시스템을 갖추고 있으며 반나절 코스, 하루 코스, 야간투어, 일본문화 체험투어 등 종류가 다양하고 한국에서도 인터넷과 전화 예약이 가능하다.

하토버스 홈페이지 www.hatobus.com

2 | 마쓰리(MATSURI, 축제)

일본에는 웅장한 축제, 우아한 축제, 화려한 축제 등 사계절 변화에 맞춰 다양한 축제가 1년 내내 전국 곳곳에서 펼쳐진다. 신도(神道)나 불교에서 유래하는 축제를 비롯하여, 여름의 불꽃놀이 축제, 민요춤, 겨울의 삿포로 눈축제 등 마쓰리가 열리지 않는 달이 없을 정도이다. 마쓰리에서는 일본인의 민속과 전통을 볼 수 있기 때문에 관광객들의 흥미를 살리고 있다.

3 | 온천

전 세계적으로 유명한 일본의 온천은 지열에 의한 온천이 전국에 걸쳐 수없이 많이 있다. 숙박시설이 있는 온천지만도 3천 곳에 가까우며 그 수는 매년 증가하고 있다. 1천년 이상의 역사를 자랑하는 하코네 유모토 온천을 비롯하여 벳푸 온천, 노보리베쓰 온천, 하나마키 온천, 가가 온천향 등 1년 내내 관광객의 발길이 끊이지 않는다. 한국에서 찾아오는 관광객들이 많아 거리에서 어렵지 않게 한국어 간판을 찾을 수 있다.

4 | 가부키(歌舞伎) 공연

세계 곳곳에 많은 팬을 보유하고 있는 일본의 전통 예술이다. 연기자의 리듬감 넘치는 대사, 선명하고 화려한 색상의 화장, 기교를 발휘한 무대 이미지가 결합되어 서민에게 사랑 받아 온 대중적인 무대 예술이다. 가장 큰 특징은 극중에 등장하는 여성의 역할도 모두 남성 배우가 연기를 한다는 점이다. 도쿄에 있는 일본을 대표하는 가부키 전용 극장 '가부키자' 등에서는 영어로 해설을 해주는 경우도 있다.

필수 상황표현 BEST 10

01 관광안내소는 어디에 있나요?

02 관광지도 있나요?

03 여기서 유명한 온천은 어디인가요?

04 지금 무슨 축제를 하고 있나요?

05 투어는 몇 시간 걸리나요?

06 입장권은 어디에서 팔아요?

07 공연 시작은 몇 시인가요?

08 7시로 두 장 주세요.

09 여기서 사진 찍어도 될까요?

10 사진 좀 찍어주시겠어요?

観光案内所は どこですか。
강꼬–안나이죠와 도꼬데스까

観光地図は ありますか。
강꼬–치즈와 아리마스까

ここで 有名な 温泉は どこですか。
고꼬데 유–메–나 온셍와 도꼬데스까

今 何か お祭りは やって いますか。
이마 나니까 오마쯔리와 얏떼 이마스까

ツアーは 何時間 かかりますか。
츠아–와 난지깡 가까리마스까

入場券は どこで 売って いますか。
뉴죠–껭와 도꼬데 웃떼 이마스까

開演は 何時ですか。
가이엥와 난지데스까

7時の 2枚 ください。
시찌지노 니마이 구다사이

ここで 写真を 撮っても いいですか。
고꼬데 샤싱오 톳떼모 이–데스까

写真を 撮って いただけますか。
샤싱오 톳떼 이따다께마스까

01 관광안내소 1

관광안내소는 어디에 있나요?
観光案内所は どこですか。
강꼬-안나이죠와 도꼬데스까

관광 명소는 어떤 것이 있나요?
観光 名所は 何が ありますか。
강꼬- 메-쇼와 나니가 아리마스까

가장 볼 만한 것이 뭔가요?
一番の 見所は 何ですか。
이찌반노 미도꼬로와 난데스까

거기에 꼭 가봐야 할까요?
そこに 必ず 行った ほうが いいですか。
소꼬니 가나라즈 잇따 호-가 이-데스까

Let's go Cheerful Travel Japanese

관광지도 있나요?
観光地図は ありますか。
강꼬-치즈와 아리마스까

전철 노선도 한 장 부탁해요.
電車の 路線図も 一枚 お願いします。
덴샤노 로센즈모 이찌마이 오네가이시마스

철도박물관 가는 버스는 어느 거예요?
鉄道 博物館へ 行く バスは どれですか。
테쯔도- 하꾸부쯔깡에 이꾸 바스와 도레데스까

거기는 학생할인을 해 주나요?
そこは 学生割引を してくれますか。
소꼬와 각세-와리비끼오 시떼구레마스까

관광

02 관광안내소 2

여기서 유명한 온천은 어디인가요?
ここで 有名な 温泉は どこですか。
고꼬데 유-메-나 온셍와 도꼬데스까

지금 무슨 축제를 하고 있나요?
今 何か お祭りは やって いますか。
이마 나니까 오마쯔리와 얏떼 이마스까

퍼레이드는 언제 있나요?
パレードは いつ ありますか。
파레-도와 이쯔 아리마스까

여기서 볼 만한 곳을 가르쳐 주시겠어요?
ここの 見どころを 教えて ください。
고꼬노 미도꼬로오 오시에떼 구다사이

Let's go Cheerful Travel Japanese

당일치기로 어디에 갈 수 있나요?

日帰りでは どこへ 行けますか。
ひがえ　　　　　　　　い

히가에리데와 도꼬에 이께마스까

단체관광에 참가하고 싶은데요.

団体観光に 参加したいんですが。
だんたいかんこう　さんか

단따이깡꼬－니 상까시따인데스가

어떤 일정이 있나요?

どんな 日程が ありますか。
にってい

돈나 닛떼－가 아리마스까

개인 비용은 얼마인가요?

個人費用は いくらですか。
こじんひよう

고징히요－와 이꾸라데스까

관
광

03 관광버스와 가이드 문의

관광버스 투어는 있나요?
観光バス ツアーは ありますか。
강꼬-바스 츠아-와 아리마스까

투어는 몇 시간 걸리나요?
ツアーは 何時間 かかりますか。
츠아-와 난지깡 가까리마스까

야간 투어도 있나요?
ナイト ツアーも ありますか。
나이또 츠아-모 아리마스까

버스가 몇 시에 출발하나요?
バスは 何時に 出発しますか。
바스와 난지니 슙빠쯔시마스까

Let's go Cheerful Travel Japanese

여행 경비가 얼마나 들까요?
りょこうひよう
旅行費用は いくらくらい かかりますか。
료꼬-히요-와 이꾸라꾸라이 가까리마스까

여기서 관광가이드를 고용할 수 있나요?
かんこう   やと
ここで 観光ガイドを 雇えますか。
고꼬데 강꼬-가이도오 야또에마스까

한국어 가이드가 있는 투어도 있나요?
かんこくご
韓国語の ガイドがつく ツアーも ありますか。
강꼬꾸고노 가이도가 쯔꾸 츠아-모 아리마스까

제 가이드가 되어 주실래요?
わたし
私の ガイドに なって くれませんか。
와따시노 가이도니 낫떼 구레마셍까

04 관광지에서 1

저 건물은 무엇인가요?
あの 建物は 何ですか。
아노 다떼모노와 난데스까

성 안에 들어갈 수 있나요?
城の 中に 入れますか。
시로노 나까니 하이레마스까

입장권은 어디에서 팔아요?
入場券は どこで 売って いますか。
뉴죠-껭와 도꼬데 웃떼 이마스까

단체 할인이 있나요?
団体割引は ありますか。
단따이 와리비끼와 아리마스까

Let's go Cheerful Travel Japanese

이 티켓으로 모든 전시를 볼 수 있나요?
このチケットで すべての 展示が 見られますか。
고노 치켓또데 스베떼노 덴지가 미라레마스까

도쿄 타워를 보고 싶어요.
東京タワーが 見たいです。
도-꾜-타와-가 미따이데스

여기서 얼마나 머무나요?
ここで どのくらい 止まりますか。
고꼬데 도노꾸라이 도마리마스까

몇 시에 버스로 돌아오면 되나요?
何時に バスに 戻ってくれば いいですか。
난지니 바스니 모돗떼구레바 이-데스까

05 관광지에서 2

입장은 유료인가요?
入場は 有料ですか。
뉴-죠-와 유-료-데스까

무료 팸플릿은 있나요?
無料の パンフレットは ありますか。
무료-노 팡후렛또와 아리마스까

이 공원에 대해 설명해 주실래요?
この 公園に ついて 説明して いただけますか。
고노 꼬-엔니 쯔이떼 세쯔메-시떼 이따다께마스까

전망대는 어떻게 오릅니까?
展望台へは どうやって 上がるのですか。
템보-다이에와 도-얏떼 아가루노데스까

Let's go Cheerful Travel Japanese

모두 탈 수 있는 자유이용권을 사요.
全部 乗れる フリーチケットを 買いましょう。
젬부 노레루 후리-치켓또오 가이마쇼-

무서운 놀이기구는 타고 싶지 않아요.
怖い 乗り物は 乗りたく ありません。
고와이 노리모노와 노리따꾸 아리마셍

짐을 맡아 주세요.
荷物を 預かって ください。
니모쯔오 아즈깟떼 구다사이

선물로 인기 있는 것은 뭔가요?
おみやげで 人気が あるのは 何ですか。
오미야게데 닝끼가 아루노와 난데스까

관광

유람선과 케이블카 타기

어디서 유람선을 탈 수 있나요?
どこで 遊覧船に 乗れますか。
도꼬데 유-란센니 노레마스까

언제 승선하나요?
いつ 乗船できますか。
이쯔 죠-센데끼마스까

배 멀미가 날까 봐 걱정이에요.
船酔い してしまうか 心配です。
후나요이 시떼시마우까 심빠이데스

난간에 기대지 마세요.
手すりに 寄りかからないで ください。
데스리니 요리가까라나이데 구다사이

Let's go Cheerful Travel Japanese

케이블카 요금은 얼마예요?

ケーブルカーの 料金は いくらですか。
りょうきん

케-부루카-노 료-낑와 이꾸라데스까

꼭대기까지 어느 정도 걸려요?

頂上まで どのくらい かかりますか。
ちょうじょう

쵸-죠-마데 도노꾸라이 가까리마스까

케이블카는 얼마나 빨리 올라가나요?

ケーブルカーは どれくらい 速く 上りますか。
はや のぼ

케-부루카-와 도레꾸라이 하야꾸 노보리마스까

정말 아름다운 경치군요!

本当に 美しい 景色ですね。
ほんとう うつく けしき

혼또-니 우쯔꾸시- 케시끼데스네

07 가부키 관람

가부키를 보고 싶어요.
歌舞伎を 見たいです。
가부끼오 미따이데스

가부키는 어디에서 볼 수 있나요?
歌舞伎は どこで 見られますか。
가부끼와 도꼬데 미라레마스까

공연 시작은 몇 시인가요?
開演は 何時ですか。
가이엥와 난지데스까

입장료는 얼마예요?
入場料は いくらですか。
뉴-죠-료-와 이꾸라데스까

Let's go Cheerful Travel Japanese

매표소는 어디에 있나요?
切符売場は どこですか。
깁뿌우리바와 도꼬데스까

지금 티켓을 살 수 있나요?
いま チケットが 買えますか。
이마 치켓또가 가에마스까

관광

무대 가까이로 좌석을 구할 수 있나요?
舞台に 近い 席を 買えますか。
부타이니 치까이 세끼오 가에마스까

7시로 두 장 주세요.
7時の 2枚 ください。
시찌지노 니마이 구다사이

08 클럽과 노래방

어딘가 좋은 재즈 클럽이 있나요?

どこか いい ジャズクラブは ありますか。

도꼬까 이이 쟈즈쿠라부와 아리마스까

이 근처에 디스코텍이 있나요?

この 近(ちか)くに ディスコは ありますか。

고노 치까꾸니 디스코와 아리마스까

저는 카지노에 가본 적이 없어요.

私(わたし)は カジノへ 行(い)ったことが ありません。

와따시와 카지노에 잇따꼬또가 아리마셍

초보자에게 좋은 게임은 뭔가요?

初心者(しょしんしゃ)に いい ゲームは 何(なん)ですか。

쇼신샤니 이이 게-무와 난데스까

Let's go Cheerful Travel Japanese

노래하는 곳이 있나요?

カラオケは ありますか。

가라오께와 아리마스까

무슨 노래를 부를래요?

何の 歌を 歌いますか。
なん うた うた

난노 우따오 우따이마스까

난 최신곡은 못 따라가요.

私は 最新曲は ついていけません。
わたし さいしんきょく

와따시와 사이싱꾜꾸와 쯔이떼이께마셍

정말 잘 불렀어요!

本当に 歌が 上手ですね。
ほんとう うた じょうず

혼또ー니 우따가 죠ー즈데스네

09 기념 사진

여기서 사진 찍어도 될까요?

ここで 写真を 撮っても いいですか。

고꼬데 샤싱오 톳떼모 이-데스까

플래시를 터뜨려도 되나요?

フラッシュを たいても いいですか。

후랏슈오 다이떼모 이-데스까

사진 좀 찍어주시겠어요?

写真を 撮って いただけますか。

샤싱오 톳떼 이따다께마스까

여기를 누르면 됩니다.

ここを 押すだけです。

고꼬오 오스다께데스

Let's go Cheerful Travel Japanese

저 건물이 보이도록 찍어주세요.
あの 建物が 見える ように 撮って ください。
아노 다떼모노가 미에루 요–니 톳떼 구다사이

박물관을 배경으로 찍어주세요.
博物館を 背景に 入れて ください。
하꾸부쯔깡오 하이께–니 이레떼 구다사이

당신 사진을 찍어도 될까요?
あなたの 写真を 撮っても いいですか。
아나따노 샤싱오 톳떼모 이–데스까

한 장 더 부탁해요.
もう 一枚 お願いします。
모– 이찌마이 오네가이시마스

관광

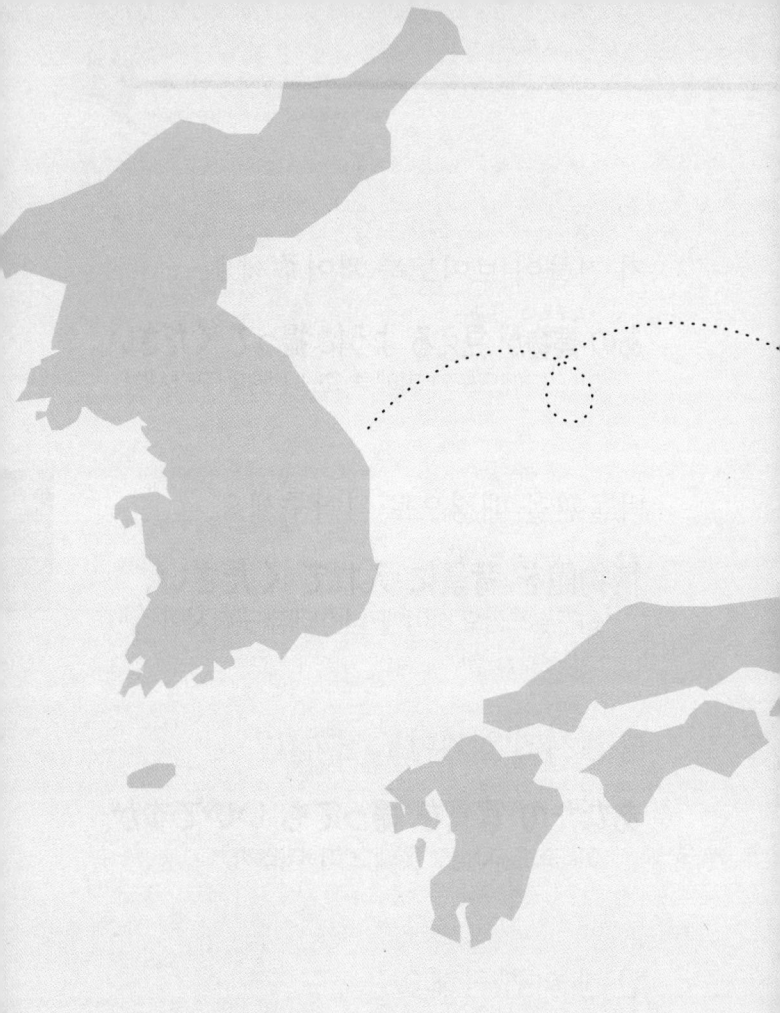

01 상점을 찾거나 둘러볼 때 02 영업시간과 세일 문의 03 기념품과 전자제품 매장에서
04 화장품과 액세서리 매장에서 05 의류 매장에서 06 디자인, 색상, 사이즈 문의
07 가격 문의와 흥정하기 08 계산과 포장 09 교환과 반품 10 편의점 이용

Part 07

쇼핑

알짜 여행정보

Tip 7 두배로 즐기는 **쇼핑**

1 | 도쿄의 쇼핑가

일본의 수도인 도쿄에는 백화점이 즐비하게 늘어선 긴자, 신주쿠, 시부야 등이 있다. JR 아키하바라 역 주변은 컴퓨터, 모바일 등의 하이 테크놀로지 기기로부터, 카세트, CD, MD 등의 음향기기까지 모든 전자제품이 진열되어 있다. JR 신주쿠 니시구치, 히가시구치, 미나미구치의 역 주변에는, 카메라점과 시계점, 멀티미디어전문점 등의 대형 디스카운트점 등이 즐비하게 늘어서 있다. 또, 오디오, 컴퓨터, 카메라 등의 중고전문점도 있다.

간다 오가와마치역의 스포츠용품점 거리에는 스키, 스케이트보드 등 동계스포츠 관련 상품이 많다. 아웃도어의 전문점과 수입품의 골프숍 등도 많다. 아사쿠사바시 인형·완구도매상 거리는 JR 아사쿠사바시역 근처에 있으며, 일본인형을 전문으로 취급하는 오래된 점포들이 모여 있다. 유럽의 패션브랜드점과 부티끄가 늘어선 하라주쿠, 아오야마 등은 세계적으로도 유명한 쇼핑명소이다.

2 | 오사카의 쇼핑가

지하철 우메다역에 내리면 바로 '화이티 우메다'와 연결이 된다. 화이티 우메다는 우메다 지역의 지하상점가이며, 지하라는 말이 어울리지 않을 정도의 청결함과 조화로운 인테리어가 고급 백화점의 실내를 연상시킬 정도로 깔끔하게 잘 짜여져 있는 상점가이다. 단, 찾는 가게가 있다면 먼저 입구의 'i' 안내 센터에 문의한 후 찾으러 가는 게 좋다. 복잡한 구조로 길을 잃기 쉽기 때문이다.

지상으로 나오면 큰 아케이드 길을 따라 양쪽으로 백화점들이 늘어서 있다. 일본의 멋쟁이들이 모두 몰리는 거리라고 해도 손색이 없을 정도이며, 부근에 도큐핸즈 등도 있으므로 여러 가지 물건을 한 번에 찾아볼 수 있다는 장점도 있다.

참고로, 우메다역 주변에 스카이빌딩이 있는데 그 빌딩에서 내려다보는 오사카의 야경이 유명하다. 오사카의 닛폰바시의 '덴덴타운' 주변은 취급제품의 종류와 가격에 있어서 간사이 최대급의 전자상가 거리로 유명하다. 컴퓨터기기와 카메라 등 약 200여 곳의 전문점이 성업 중이다.

3 | 면세품 쇼핑

면세품 쇼핑을 할 때는 반드시 여권을 지참한다. 관세나 주세가 면제되는 상품은 일본 국제공항에서만 구입이 가능하다. 그러나 도심 쇼핑가에도 공인된 면세점이 있는데, 영어를 구사하는 직원들이 손님들을 맞이한다. 시간적 여유가 있다면, 최종 결정을 하기 전에 면세점에서의 물건 가격과 할인 판매점 또는 싸게 파는 시장의 가격을 비교해 보는 것도 도움이 될 것이다. 도쿄의 국제 아케이드와 교토의 수공예품센터에서 몇몇 면세점들을 볼 수 있다. 품목에 따라 그 구입 가격이 1만엔 이상 되면, 일본의 소비세 5%를 면제받을 수 있다.

필수 상황표현 BEST

01 이 도시의 특산물은 무엇인가요?

02 그냥 둘러보는 거예요.

03 얼마나 할인이 되나요?

04 이 가방을 보여주시겠어요?

05 조금 더 큰 것이 있나요?

06 이건 얼마인가요?

07 너무 비싸요. 깎아주실래요?

08 이걸로 하겠어요. 20개 주세요.

09 따로따로 포장해 주세요.

10 다른 것으로 교환하고 싶어요.

この 町の 特産物は 何ですか。
고노 마찌노 토꾸삼부쯔와 난데스까

ただ 見て いるだけです。
타다 미떼 이루다께데스

いくら 割引されますか。
이꾸라 와리비끼 사레마스까

この バッグを 見せて もらえますか。
고노 박구오 미세떼 모라에마스까

もう少し 大きいものは ありますか。
모-스꼬시 오-끼-모노와 아리마스까

これは いくらですか。
고레와 이꾸라데스까

高すぎます。 まけて くれませんか。
다까스기마스. 마께떼 구레마셍까

これに します。 20個 ください。
고레니 시마스. 니쥬-꼬 구다사이

別々に 包んで ください。
베쯔베쯔니 쯔쯘데 구다사이

他の 物に 交換したいです。
호까노 모노니 고-깐시따이데스

01 상점을 찾거나 둘러볼 때

이 도시의 상점가는 어디인가요?
この 町の 商店街は どこですか。
고노 마찌노 쇼-텡가이와 도꼬데스까

쇼핑센터는 어디에 있나요?
ショッピングセンターは どこに ありますか。
숍핑구 센따-와 도꼬니 아리마스까

이 주변에 백화점이 있나요?
この 辺りに デパートは ありますか。
고노 아따리니 데빠-또와 아리마스까

면세점은 있나요?
免税店は ありますか。
멘제-뗑와 아리마스까

Let's go Cheerful Travel Japanese

이 도시의 특산물은 무엇인가요?
この 町の 特産物は 何ですか。
고노 마찌노 토꾸삼부쯔와 난데스까

벼룩시장은 어디서 열리고 있나요?
フリーマーケットは どこで 開いていますか。
후리-마-켓또와 도꼬데 히라이떼 이마스까

저는 여기 단골이에요.
私は ここが 行きつけです。
와따시와 고꼬가 이끼쯔께데스

그냥 둘러보는 거예요.
ただ 見ているだけです。
타다 미떼 이루다께데스

쇼핑

02 영업시간과 세일 문의

그 가게는 오늘 문을 열었나요?
その 店は 今日 開いていますか。
소노 미세와 쿄- 아이떼이마스까

주말에도 문을 여세요?
週末にも 開いていますか。
슈-마쯔니모 아이떼이마스까

영업시간이 어떻게 되나요?
営業時間は どうなって いますか。
에-교-지깡와 도-낫떼 이마스까

몇 시에 문을 닫나요?
何時に 閉店ですか。
난지니 헤-뗀데스까

세일은 언제 하나요?

バーゲンセールは いつ 行(おこな)いますか。

바-겐세-루와 이쯔 오꼬나이마스까

이것은 세일 중인가요?

これは セール中(ちゅう)ですか。

고레와 세-루츄-데스까

얼마나 할인이 되나요?

いくら 割引(わりびき)されますか。

이꾸라 와리비끼 사레마스까

더 싼 것은 없나요?

もっと 安(やす)い 物(もの)は ありませんか。

못또 야스이 모노와 아리마셍까

기념품과 **전자제품** 매장에서

기념품은 어디에서 파나요?
記念品は どこで 売っていますか。
기넹힝와 도꼬데 웃떼이마스까

친구에게 줄 선물을 사고 싶어요.
友達への お土産を 買いたいんですが。
도모다찌에노 오미야게오 가이따인데스가

가전제품 매장은 어디에 있나요?
家電製品売場は どこに ありますか。
가덴세-힝우리바와 도꼬니 아리마스까

디지털카메라는 어느 쪽인가요?
デジタルカメラは どちらですか。
데지타루카메라와 도찌라데스까

Let's go Cheerful Travel Japanese

사용법을 알려주세요.
使い方を 教えて ください。
츠까이 까따오 오시에떼 구다사이

좀 더 성능 좋은 것은 없나요?
もっと 性能の いいものは ありませんか。
못또 세이노—노 이이모노와 아리마셍까

최신 모델이에요.
最新の モデルです。
사이신노 모데루데스

다른 스타일을 보여주세요.
違う スタイルの ものを 見せて ください。
치가우 스타이루노 모노오 미세떼 구다사이

04 화장품과 액세서리 매장에서

파운데이션을 사고 싶은데요.

ファンデーションが 買いたいんですが。

환-데-숑-가 카이따인데스가

저는 건성피부입니다.

私の 肌は 乾燥肌です。

와따시노 하다와 칸소-하다데스

좀 발라봐도 되나요?

ちょっと つけてみても いいですか。

춋또 쯔게떼미떼모 이-데스까

아이라이너를 보고 싶은데요.

アイライナーが 見たいんですが。

아이라이나-가 미따인데스가

Let's go Cheerful Travel Japanese

이것이 가장 인기 있는 향수인가요?

これが 一番(いちばん) 人気(にんき)のある 香水(こうすい)ですか。

고레가 이찌방 닝끼노아루 고-스이데스까

이 가방을 보여주시겠어요?

この バッグを 見(み)せて もらえますか。

고노 박구오 미세떼 모라에마스까

이것은 가죽으로 만들어졌나요?

これは 革(かわ)で できていますか。

고레와 가와데 데끼떼이마스까

이것은 도금 처리한 건가요?

これは メッキ処理(しょり)して あるんですか。

고레와 멕끼쇼리시떼 아룬데스까

05 의류 매장에서

저걸 보여주시겠어요?
あれを 見せて ください。
아레오 미세떼 구다사이

입어봐도 될까요?
着てみても いいですか。
기떼미떼모 이-데스까

입어보는 곳은 어딘가요?
試着室は どこですか。
시쨔꾸시쯔와 도꼬데스까

물세탁이 가능한가요?
水で 洗濯 できますか。
미즈데 센따꾸 데끼마스까

Let's go Cheerful Travel Japanese

색이 너무 화려하지 않을까요?

色が 少し 派手すぎ ませんか。

이로가 스꼬시 하데스기 마셍까

좀 더 수수한 것이 있습니까?

もっと 地味なのが ありますか。

못또 지미나노가 아리마스까

다른 걸로 보여주시겠어요?

他の 物も 見せて もらえますか。

호까노 모노모 미세떼 모라에마스까

당신에게 잘 어울려요.

あなたに よく 似合います。

아나따니 요꾸 니아이마스

쇼핑

06 디자인, 색상, 사이즈 문의

어떤 디자인이 유행하고 있나요?
どんな デザインが 流行しbritish ていますか。
돈나 데자잉가 류-꼬-시떼 이마스까

같은 디자인으로 다른 색상이 있나요?
同じ デザインで 他の 色は ありますか。
오나지 데자인데 호까노 이로와 아리마스까

무슨 색이 있나요?
何 色が ありますか。
나니 이로가 아리마스까

다른 디자인은 있나요?
他の デザインは ありますか。
호까노 데자잉와 아리마스까

Let's go Cheerful Travel Japanese

사이즈는 몇입니까?

サイズは いくつですか。

사이즈와 이꾸쯔데스까

조금 더 큰 것이 있나요?

もう少し 大きいものは ありますか。

모-스꼬시 오-끼-모노와 아리마스까

더 작은 게 있나요?

もっと 小さいのは ありますか。

못또 치-사이노와 아리마스까

사이즈를 재주시겠어요?

サイズを 測って いただけますか。

사이즈오 하깟떼 이따다께마스까

07 **가격** 문의와 **흥정**하기

이건 얼마인가요?

これは いくらですか。
고레와 이꾸라데스까

하나에 얼마인가요?

ひとつ いくらですか。
히또쯔 이꾸라데스까

모두 얼마입니까?

全部で いくらですか。
젬부데 이꾸라데스까

제가 생각했던 것보다 비싸요.

私が 思っていたより 高いです。
와따시가 오못떼이따요리 다까이데스

좀 깎아주지 않겠습니까?

ちょっと おまけして くれませんか。

촛또 오마께시떼 구레마셍까

더 싸게 해 주실래요?

もっと 安(やす)くして くれませんか。

못또 야스꾸시떼 구레마셍까

너무 비싸요. 깎아주실래요?

高(たか)すぎます。まけて くれませんか。

다까스기마스. 마께떼 구레마셍까

바가지 씌우는 건 아니겠죠?

ぼったくられて いるのでは ないですよね。

봇타꾸라레떼 이루노데와 나이데스요네

08 계산과 포장

이걸로 하겠어요. 20개 주세요.

これに します。20個 ください。

고레니 시마스. 니쥬-꼬 구다사이

현금으로 지불하면 싸게 해주시나요?

現金 払いなら 安く なりますか。

겡낑 바라이나라 야스꾸 나리마스까

계산은 어디서 하나요?

会計は どちらですか。

카이께-와 도찌라데스까

카드로 계산하겠어요.

カードで 払います。

카-도데 하라이마스

할부가 되나요?

分割払い できますか。
ぶんかつばら

분까쯔바라이 데끼마스까

선물 포장해 주실 수 있나요?

包装して くれますか。
ほうそう

호-소-시떼 구레마스까

따로따로 포장해 주세요.

別々に 包んで ください。
べつべつ　つつ

베쯔베쯔니 쯔쯘데 구다사이

정말 만족스러운 구매였어요.

本当に 満足いく 買い物でした。
ほんとう　まんぞく　か　もの

혼또-니 만조꾸이꾸 가이모노데시따

09 교환과 반품

다른 것으로 교환하고 싶어요.
他の 物に 交換したいです。
호까노 모노니 고-깐시따이데스

다른 색으로 바꿔주세요.
他の 色に 変えて ください。
호까노 이로니 가에떼 구다사이

이것을 다른 물건으로 교환해 주세요.
これを 他の 品に 交換して ください。
고레오 호까노 시나니 고-깐시떼 구다사이

이것을 환불하고 싶어요.
これを 払い戻し したいです。
고레오 하라이모도시 시따이데스

Let's go Cheerful Travel Japanese

원래 이곳에 흠집이 있었어요.

もともと ここに 傷が ありました。

모또모또 고꼬니 기즈가 아리마시따

여기에 얼룩이 있어요.

ここに シミが 付いています。

고꼬니 시미가 쯔이떼 이마스

샀을 때는 몰랐어요.

買った ときには 気が つきませんでした。

갓따 토끼니와 키가 쯔끼마센데시따

영수증은 여기에 있어요.

領収書は ここに あります。

료-슈-쇼와 고꼬니 아리마스

10 편의점 이용

편의점을 찾고 있어요.

コンビニを 探しています。

콤비니오 사가시떼 이마스

컵라면을 먹고 싶은데요.

カップヌードルを 食べたいんですが。

캅뿌노-도루오 타베따인데스가

이것은 유통기한이 언제까지인가요?

これは 賞味期間は いつまでですか。

고레와 쇼-미끼깡와 이쯔마데데스까

차가운 맥주는 어디 있나요?

冷たい ビールは どこに ありますか。

쯔메따이 비-루와 도꼬니 아리마스까

Let's go Cheerful Travel Japanese

미네랄워터는 어디 있나요?

ミネラルウォーターは どこに ありますか。

미네라루워-타-와 도꼬니 아리마스까

세면용품은 어디 있나요?

洗顔用品は どこに ありますか。
_{せんがんようひん}

셍강요-힝와 도꼬니 아리마스까

오늘 신문도 있나요?

今日の 新聞も ありますか。
_{きょう} _{しんぶん}

쿄-노 심붕모 아리마스까

봉지 하나 더 주세요.

袋を もう一枚 ください。
_{ふくろ} _{いちまい}

후꾸로오 모- 이찌마이 구다사이

쇼핑

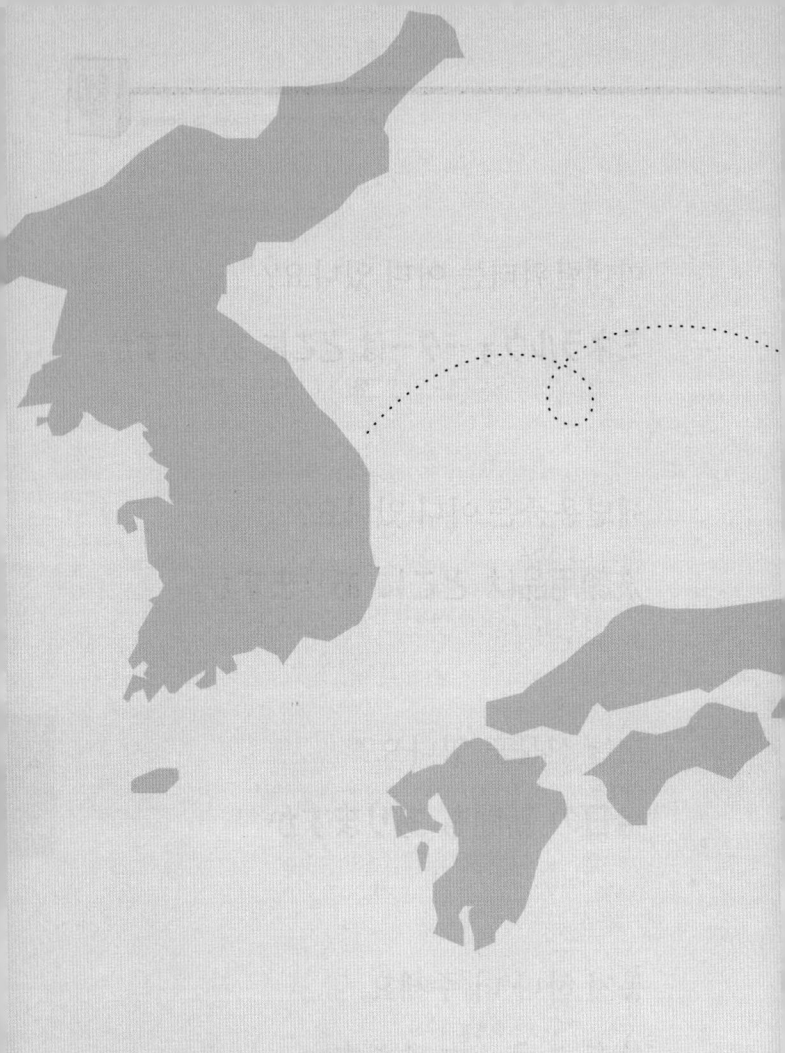

01 국제전화 02 공중전화 03 우체국
04 PC방 05 은행 06 병원
07 아픈 증상 08 약국

Part 08

통신과
시설이용

통신과 시설이용

Tip 8

1 | 전화 이용하기

① **공중전화 이용** 공중전화는 녹색의 국내전용과 회색이나 주황색의 국내외 겸용이 있다. 10엔이나 100엔 주화, 전용 전화카드로 사용할 수 있는데 전화카드는 편의점이나 역 주변의 매점에서 구입할 수 있다.

② **국제전화 직접 걸기** 예를 들어 한국 서울 6221-3020번으로 전화한다면, 국제자동통화 식별번호(001)→국가번호(한국 82)→지역번호(서울 2 : 앞의 0은 뺀다)→수신자 전화번호(6221-3020)를 차례로 누르면 된다.

③ **국제 자동 컬렉트콜** 해외에서 한국으로 전화할 때 교환원 및 별도의 매체(선/후불카드)를 거치지 않고 직접 시스템에 접속하여 안내방송에 따라 이용하는 수신자 부담 서비스이다. KT나 데이콤의 번호를 누른 후 안내방송이 나오면 0과 #을 누르고 한국인 교환원에게 전화번호를 알려주면 연결해 준다.

④ **휴대폰 로밍서비스** 로밍이란 말 그대로 사용 중인 핸드폰을 다른 나라에서도 쓸 수 있게 해주는 서비스이다. 우리나라는 현재 일본, 미국 등 전세계 대부분의 국가에 로밍서비스를 하고 있다. 로밍서비스 가능국가 및 자세한 내용은 본인의 휴대폰 통신사에 문의한다.

2 | 우편물 보내기

빌딩, 공공시설, 사거리 등 지역의 이곳저곳에 빨간색이나 파란색 우체통이 설치되어 있다. 우체통은 우편물의 크기나 우송방법에 따라 넣는 곳이 구별되어 있으므로 주의하여야 한다. 엽서나 우표는 전국의 우체국, 또는 편의점이나 역내의 매점 등에서 구입이 가능하다. 한국으로 보낼 때는 봉투 우측하단에 'South Korea'를 표기하고, 좌측하단에는 항공우편일 경우 'Air Mail' 선편일 경우 'Sea Mail'이라고 표기한다.

3 | 약국 이용

일본의 약국은 의약품 외에도 각종 강장제, 욕실 용품, 세제, 화장품과 잡화 등 생활필수품을 판매한다. 물론 우리나라와 마찬가지로 약사가 따로 있고 처방전이 없으면 약을 조제해 주지 않지만 간단한 감기약이나 소화제, 해열제, 연고, 소독약 등은 처방전 없이도 구입할 수 있다. 조제약은 병원에서 처방전을 받은 후 처방전(処方箋)이라고 쓰여 있는 약국에서 조제해야 한다.

4 | 현금자동입출기(ATM)

일본에서 ATM기를 이용해 신용카드의 현금서비스를 받기 위해서는 비자나 아메리칸 익스프레스, 마스터 카드 등 국제 신용카드를 구비해야 한다. 또한 전국의 우체국이나 세븐일레븐, 시티은행의 ATM기를 이용하면 편리한데, 특히 세븐일레븐에 설치된 ATM기는 한국어 안내가 가능한 경우도 있어 어렵지 않게 현금서비스를 받을 수 있다.

필수 상황표현 BEST 10

01 컬렉트 콜로 해 주시겠어요?

02 근처에 공중전화가 있나요?

03 여보세요, 요시다씨 댁인가요?

04 우체국은 어디에 있나요?

05 이 소포를 한국으로 보내고 싶어요.

06 메신저는 할 수 있나요?

07 돈을 인출하고 싶어요.

08 (아픈 곳을 가리키며) 여기가 아파요.

09 배가 아파요.

10 두통약을 주시겠어요?

コレクト コールに して くれますか。
코레꾸또 코-루니 시떼 구레마스까

近くに 公衆電話が ありますか。
치까꾸니 고-슈-뎅와가 아리마스까

もしもし、吉田さんの お宅でしょうか。
모시모시 요시다산노 오따꾸데쇼-까

郵便局は どこに ありますか。
유-빙꾜꾸와 도꼬니 아리마스까

この 小包を 韓国に 送りたいんです。
고노 고즈쯔미오 강꼬꾸니 오꾸리따인데스

メッセンジャーは できますか。
멧센쟈-와 데끼마스까

お金を 引き出したいです。
오까네오 히끼다시따이데스

ここが 痛いのです。
고꼬가 이따이노데스

お腹が 痛いです。
오나까가 이따이데스

頭痛薬を くれますか。
즈쯔-야꾸오 구레마스까

01 국제전화

교환입니다. 무엇을 도와드릴까요?

オペレーターです。どんな ご用件ですか。

오페레-타-데스. 돈나 고요-껜데스까

한국·서울로 전화를 하고 싶은데요.

韓国の ソウルに 電話した いのですが。

캉꼬꾸노 소우루니 뎅와시따 이노데스가

컬렉트 콜로 해 주시겠어요?

コレクト コールに して くれますか。

코레꾸또 코-루니 시떼 구레마스까

수화기를 내려놓고 기다려주십시오.

受話器を おいて お待ち ください。

쥬와끼오 오이떼 오마찌 구다사이

Let's go Cheerful Travel Japanese

전화가 연결되었습니다.
電話が 繋がりました。
뎅와가 츠나가리마시따

통화 시간과 요금을 알려주실래요?
かかった 時間と 料金を 教えて くれませんか。
가깟따 지깐또 료-낑오 오시에떼 구레마셍까

끊어졌는데, 다시 한번 연결해주세요.
切ってしまったので、もう一度 つないで ください。
깃떼 시맛따노데 모-이찌도 쯔나이데 구다사이

전화번호 안내는 몇 번인가요?
電話番号の 案内は 何番ですか。
뎅와방고-노 안나이와 남반데스까

통신과 시설

02 공중전화

근처에 공중전화가 있나요?
近くに 公衆電話が ありますか。
치까꾸니 고-슈-뎅와가 아리마스까

전화카드 파는 곳이 어디인가요?
電話カードを 売る 所は どこですか。
뎅와카-도오 우루 토꼬로와 도꼬데스까

전화카드 3천엔짜리 주세요.
電話カード 3千円のを ください。
뎅와카-도 산젱엔노오 구다사이

여보세요, 요시다씨 댁인가요?
もしもし、吉田さんの お宅でしょうか。
모시모시 요시다산노 오따꾸데쇼-까

Let's go Cheerful Travel Japanese

내선 5번을 부탁해요.

内線の 5番を お願いします。

나이센노 고방오 오네가이시마스

메모 좀 남길 수 있을까요?

メモを 残して もらえますか。

메모오 노꼬시떼 모라에마스까

전화 부탁한다고 전해 주세요.

電話を くださるよう お伝え ください。

뎅와오 구다사루요- 오쯔따에 구다사이

미안합니다, 잘못 걸었습니다.

すみません、間違えました。

스미마셍 마찌가에마시따

03 우체국

우체국은 어디에 있나요?
郵便局は どこに ありますか。
유-빙꾜꾸와 도꼬니 아리마스까

우편엽서 한 장 주세요.
郵便 葉書 一枚 ください。
유-빙 하가끼 이찌마이 구다사이

이 편지를 등기로 부쳐주세요.
この 手紙を 書留で 送って ください。
고노 테가미오 가끼또메데 오꿋떼 구다사이

항공우편으로 부탁해요.
航空便で お願いします。
고-꾸-빈데 오네가이시마스

Let's go Cheerful Travel Japanese

한국에 도착하는 데 며칠이나 걸리나요?
韓国に 着くまでは 何日 かかりますか。
강꼬꾸니 쯔꾸마데와 난니찌 가까리마스까

이 소포를 한국으로 보내고 싶어요.
この 小包を 韓国に 送りたいんです。
고노 고즈쯔미오 강꼬꾸니 오꾸리따인데스

깨지는 물건은 없어요.
割れる 物は ないです。
와레루 모노와 나이데스

소포를 보험에 들어주세요.
小包に 保険を 掛けて ください。
고즈쯔미니 호껭오 가께떼 구다사이

통신과 시설

04 PC방

컴퓨터가 다운됐어요.

パソコンが ダウンしちゃったんです。
파소꽁가 다운시쨔딴데스

메신저는 할 수 있나요?

メッセンジャーは できますか。
멧센쟈-와 데끼마스까

인터넷에 접속이 안 됩니다.

インターネットに 接続が できません。
인타-넷또니 세쯔조꾸가 데끼마셍

이 파일을 인쇄하고 싶어요.

この ファイルを 印刷したいです。
고노 화이루오 인사쯔시따이데스

Let's go Cheerful Travel Japanese

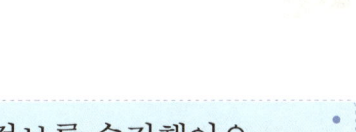

인터넷에서 이 정보를 수집했어요.
インターネットで この 情報を 集めました。
인타-넷또데 고노 죠-호-오 아쯔메마시따

인터넷에서 찾아보는 게 어때요?
インターネットで 探して みるのは どうですか。
인타-넷또데 사가시떼 미루노와 도-데스까

오늘 아침에 보낸 이메일 봤어요?
今日の 朝 送った イーメール みましたか。
쿄-노 아사 오꿋따 이-메-루 미마시따까

이메일에 첨부된 파일을 열 수 없군요.
イーメールに 添付した ファイルが 開けないです。
이-메-루니 템뿌시따 화이루가 히라께나이데스

통신과 시설

05 은행

입금하러 왔는데요.
入金しに 来ました。
뉴-낀시니 기마시따

돈을 인출하고 싶어요.
お金を 引き出したいです。
오까네오 히끼다시따이데스

현금 인출 한도가 어떻게 되나요?
現金の お引き出し 限度額は どうなりますか。
겡낀노 오히끼다시 겐도가꾸와 도-나리마스까

자동 이체할 수 있나요?
自動振込み できますか。
지도-후리꼬미 데끼마스까

Let's go Cheerful Travel Japanese

이 수표를 현금으로 바꿀 수 있나요?
この 小切手を 現金に 換えれますか。
고노 고깉떼오 겡낀니 가에레마스까

계좌를 개설하고 싶어요.
口座を 開設したいです。
고-자오 카이세쯔시따이데스

이자는 어떻게 되나요?
利子は どうなりますか。
리시와 도-나리마스까

현금 서비스를 받을 수 있을까요?
キャッシング サービスを 利用できますか。
캿싱구 사-비스오 리요-데끼마스까

06 병원

진료 예약을 하고 싶어요.
診療の 予約を したいです。
신료-노 요야꾸오 시따이데스

진찰을 받고 싶어요.
診察を 受けたいです。
신사쯔오 우께따이데스

저희 병원에 처음 오시는 건가요?
当病院へは 初めてですか。
도-뵤-잉에와 하지메떼데스까

어떤 보험도 들지 않았는데요.
何の 保険にも 入っていませんが。
난노 호껜니모 하잇떼이마셍가

Let's go Cheerful Travel Japanese

여기를 누르면 아픈가요?
ここを 押すと 痛いですか。
고꼬오 오스또 이따이데스까

(아픈 곳을 가리키며) 여기가 아파요.
ここが 痛いのです。
고꼬가 이따이노데스

3일 전부터 아팠어요.
3日前から 痛くなりました。
믹까마에까라 이따꾸나리마시따

꽃가루 알레르기가 있어요.
花粉 アレルギーが あります。
가훙 아레루기-가 아리마스

통신과시설

07 아픈 증상

배가 아파요.
お腹が 痛いです。
오나까가 이따이데스

머리가 아프고 오한이 있어요.
頭が 痛くて 寒気が します。
아따마가 이따꾸떼 사무께가 시마스

토할 것 같아요.
吐き気が します。
하끼께가 시마스

감기 기운이 있어요.
かぜぎみです。
가제기미데스

Let's go Cheerful Travel Japanese

식중독에 걸린 것 같아요.

しょくちゅうどく
食中毒に なったみたいです。

쇼꾸츄-도꾸니 낫따미따이데스

설사가 심해요.

げりが ひどいのです。

게리가 히도이노데스

깨진 유리조각을 밟았어요.

はへん　　ふ
ガラスの 破片を 踏みました。

가라스노 하헹오 후미마시따

혈압이 오른 것 같은데요.

けつあつ　あ　　　　　　　おも
血圧が 上がっていると 思いますが。

게쯔아쯔가 아갓떼이루또 오모이마스가

08 약국

약국은 어디에 있나요?
薬局は どこに ありますか。
약꾜꾸와 도꼬니 아리마스까

이 처방전대로 약을 지어 주세요.
この 処方箋どおりに 薬を 出して ください。
고노 쇼호-센도오리니 구스리오 다시떼 구다사이

식후 30분에 복용하세요.
食後 ３０分に 服用して ください。
쇼꾸고 산쥬뿐니 후꾸요-시떼 구다사이

두통약을 주시겠어요?
頭痛薬を くれますか。
즈쯔-야꾸오 구레마스까

Let's go Cheerful Travel Japanese

감기약을 주세요.
風邪薬を ください。
가제구스리오 구다사이

차멀미인 것 같아요.
車酔いの ようです。
구루마요이노 요–데스

거즈와 반창고를 주세요.
ガーゼと 絆創膏を ください。
가–제또 반소–꼬–오 구다사이

부작용은 없을까요?
副作用は ないですか。
후꾸사요–와 나이데스까

통신과시설

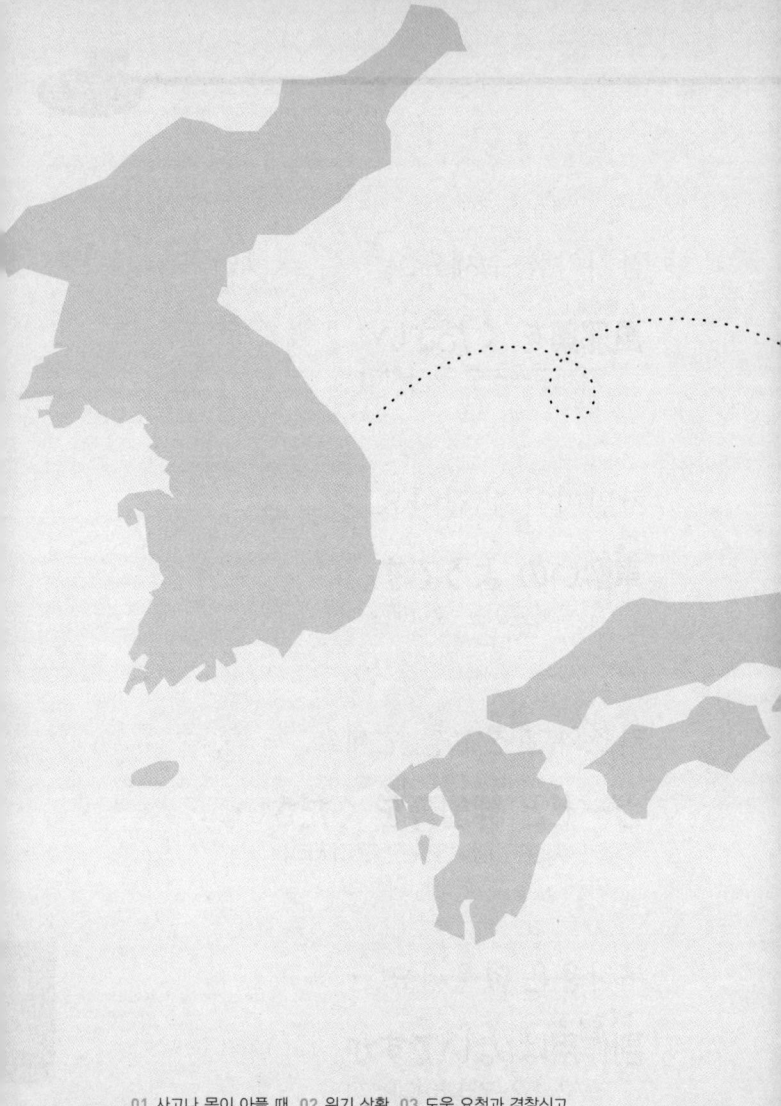

01 사고나 몸이 아플 때 02 위기 상황 03 도움 요청과 경찰신고
04 분실물 신고와 재발행 05 곤란한 상황에서의 표현

Part 09

트러블

트러블 대처법

1 | 위험사고 대처법

① **여행 사고 예방** 일본은 비교적 치안상태가 양호한 편이라 위험한 여행사고가 자주 일어나지 않는다고 할 수 있다. 하지만 여행길에서는 새로운 환경을 접하는 설레임과 흥분으로 자칫 긴장이 풀어져 중요한 것을 잊거나 위험한 상황에 놓일 수 있으므로 항상 조심해야 한다. 길을 잃었을 때는 당황하지 말고 주변 공공기관이나 호텔에 문의하고 택시를 이용해 안전하게 숙소로 돌아온다. 미리 투숙호텔이나 숙소의 전화번호, 주소, 약도 등을 현지어로 적어서 항상 갖고 다니는 것이 좋다. 교통사고 발생 시에는 경찰에 신고하고 조사가 공정하지 않다고 판단되거나 정확한 과실 규명이 필요할 때는 한국대사관에 연락해 도움을 청한다. 몸을 다쳤거나 신변의 위험을 느끼는 상황이라면 주저하지 말고 가까운 경찰서에 연락을 취한다.

② **고반(交番 KOBAN)** 우리나라의 파출소나 지구대에 해당하는 경찰 시설로, 주민들을 위한 치안과 질서 유지, 주변의 교통정리, 순찰, 관광객의 길안내 등의 임무를 맡고 있다. 주로 번화가나 역 주변에 위치하고 있어 급한 상황에서 이용할 수 있고, 한국어 팸플릿이나 지도를 구할 수도 있다.

2 | 긴급 의료 요청

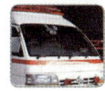

일본은 오래전부터 의약분업이 이루어져서 감기약이나 위장약 같은 일반적인 약품 외에 전문적인 약은 의사의 처방전이 없으면 살 수 없다. 건강한 사람도 비상약 정도는 한국에서 미리 챙겨간다. 특히, 심장병이나 당뇨병 등 지병이 있는 사람은 복용하던 약과 진단서를 준비하고 여행보험에도 반드시 들어야 한다. 호텔 등에서 병원에 입원해야 할 상황이나 긴급 의료를 요청할 상황이 발생하면 프런트에 연락해 의사를 부르거나 구급차를 요청한다. 필요한 경우에는 한국대사관 등 현지공관에 연락을 취해 도움을 요청한다.

긴급 전화번호 : 경찰, 긴급구조 110 / 화재신고, 앰블런스 119
　　　　　　한국대사관 (03)3452-7611

3 | 분실사고 대처법

① **여권 분실** 현지 경찰서에 서면으로 신고하고 신고확인증을 받은 후 일본 주재 한국공관으로 가서 분실 사실을 알리고 여행증명서를 발급받는다. 미리 한국대사관 전화번호를 알아두고 여권사본 및 여분의 사진을 준비하는 것이 좋다.

② **항공권 분실** 원칙적으로는 다시 구입하는 수밖에 없고, 귀국 후 현지 경찰에서 발급받은 분실증명서를 해당 항공사에 제출하면, 항공권 유효기간에 따라 일정기간 동안 사용되지 않은 경우 구제받을 수 있다.

③ **여행자수표/신용카드 분실** 경찰서에 서면으로 신고하고, 신고확인서를 첨부하여 발행회사 지점으로 가서 소정절차에 따라 재발행을 신청한다. 여행 중 분실에 대비하여 수표와 신용카드 번호, 발급일자 등은 필히 메모해 둬야 한다.

필수 상황표현 BEST 10

01 의사를 불러주세요.

02 병원에 데려다 주세요.

03 사람 살려!

04 도와줘요! 사고예요!

05 누가 경찰 좀 불러 주세요!

06 한국대사관은 어디입니까?

07 가방을 잃어버렸어요.

08 여권을 분실했어요.

09 천천히 말해주실래요?

10 한국어를 하는 분은 없나요?

お医者さんを 呼んで ください。
오이샤상오 욘데 구다사이

病院に 連れて 行って ください。
뵤-잉니 쯔레떼 잇떼 구다사이

助けてくれ。
다스께떼꾸레

助けて。事故よ。
다스께떼. 지꼬요

だれか 警察を 呼んで ください。
다레까 케-사쯔오 욘데 구다사이

韓国大使館は どこですか。
강꼬꾸 타이시깡와 도꼬데스까

バッグを 忘れました。
박구오 와스레마시따

パスポートを 無くしました。
파스포-또오 나꾸시마시따

ゆっくり 話して くれませんか。
육꾸리 하나시떼 구레마셍까

韓国語を 話す 方は いませんか。
강꼬꾸고오 하나스 가따와 이마셍까

01 사고나 몸이 **아플 때**

교통사고를 당했어요.
交通事故に あいました。
고-쯔-지꼬니 아이마시따

충돌사고예요.
衝突事故です。
쇼-또쯔 지꼬데스

여기 부상자가 있어요.
ここに 負傷者が います。
고꼬니 후쇼-샤가 이마스

구급차를 부탁해요!
救急車を お願いします。
규-뀨-샤오 오네가이시마스

Let's go Cheerful Travel Japanese

트러블

의사를 불러주세요.
お医者さんを 呼んで ください。
오이샤상오 욘데 구다사이

서둘러주세요!
急いで ください。
이소이데 구다사이

병원에 데려다 주세요.
病院に 連れて 行って ください。
뵤-잉니 쯔레떼 잇떼 구다사이

여행을 계속해도 되나요?
旅行を 続けても よろしいですか。
료꼬-오 쯔즈께떼모 요로시-데스까

02 위기 상황

위험해. 엎드려!
あぶない。伏せろ。
아부나이. 후세로

도둑이야!
泥棒。
도로보—

사람 살려!
助けてくれ。
다스께떼꾸레

불이야!
火事だ。
카지다

Let's go Cheerful Travel Japanese

트러블

손 들어!
手を 上げろ。
데오 아게로

쏘지마!
撃つな。
우쯔나

누가 와주세요!
誰か 来て。
다레까 기떼

저리 가! 경찰을 부르겠다!
あっちへ 行け。警察を 呼ぶぞ。
앗찌에 이께. 케-사쯔오 요부조

03 도움 요청과 경찰신고

도움이 필요해요.
助けが 必要です。
다스께가 히쯔요-데스

도와줘요! 사고예요!
助けて。事故よ。
다스께떼. 지꼬요

누가 경찰 좀 불러 주세요!
だれか 警察を 呼んで ください。
다레까 케-사쯔오 욘데 구다사이

지하철에서 소매치기를 당했어요.
地下鉄で すりに あいました。
치까떼쯔데 스리니 아이마시따

Let's go Cheerful Travel Japanese

트러블

자동차 사고를 신고하려고 해요.
自動車の 事故が 起きました。
지도-샤노 지꼬가 오끼마시따

경관님, 제 아이가 없어졌어요.
おまわりさん、私の 子供が いなくなって しまいました。
오마와리상, 와따시노 고도모가 이나꾸낫떼 시마이마시따

한국대사관은 어디입니까?
韓国大使館は どこですか。
강꼬꾸 타이시깡와 도꼬데스까

한국어를 할 줄 아는 담당자를 불러주세요.
韓国語を 話せる 係員を 呼んで ください。
강꼬꾸고오 하나세루 가까리잉오 욘데 구다사이

분실물 신고와 **재발행**

유실물 담당은 어디인가요?
遺失物係は どこですか。
이시쯔부쯔 가까리와 도꼬데스까

가방을 잃어버렸어요.
バッグを 忘れました。
박구오 와스레마시따

귀중품이 모두 들어 있어요.
貴重品が 全部 入っています。
기쵸-힝가 젬부 하잇떼이마스

언제 어디서 분실하셨나요?
いつ どこで 紛失しましたか。
이쯔 도꼬데 훈시쯔시마시따까

트러블

어디에서 잃어버렸는지 생각이 나지 않아요.

どこで なくしたか 思い つかないんです。

도꼬데 나꾸시따까 오모이 츠까나인데스

카드는 은행에 신고해 주세요.

カードは 銀行に 届けて ください。

카-도와 깅꼬-니 도도께떼 구다사이

여권을 분실했어요.

パスポートを 無くしました。

파스포-또오 나꾸시마시따

재발행해 주세요.

再発行して ください。

사이학꼬-시떼 구다사이

곤란한 상황에서의 표현

저는 관광객입니다.
私は 観光客なのです。
와따시와 강꼬–꺄꾸나노데스

제 일본어로는 부족하군요.
私の 日本語では 不十分です。
와따시노 니홍고데와 후쥬–분데스

미안합니다. 악의로 한 일이 아니에요.
ごめんなさい。悪気で したんじゃないんです。
고멘나사이. 와루기데 시딴쟈나인데스

미안해요, 뭐라고 하셨나요?
すみません、何と 言ったのですか。
스미마셍 난또 잇따노데스까

Let's go Cheerful Travel Japanese

너무 빨라서 모르겠어요.
速すぎて わかりません。
하야스기떼 와까리마셍

천천히 말해주실래요?
ゆっくり 話して くれませんか。
육꾸리 하나시떼 구레마셍까

다시 한번 말해 주실래요?
もう一度 言って くれますか。
모-이찌도 잇떼 구레마스까

한국어를 하는 분은 없나요?
韓国語を 話す 方は いませんか。
강꼬꾸고오 하나스 가따와 이마셍까

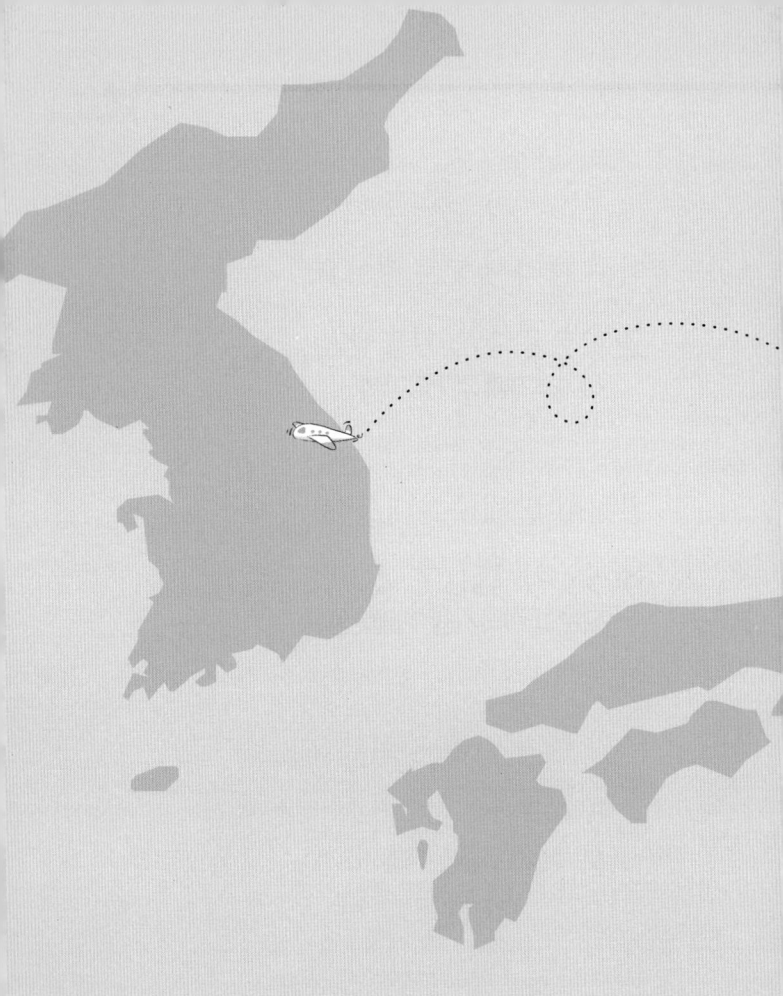

01 귀국 항공편 예약과 재확인 02 예약 변경이나 취소
03 탑승 수속 04 배웅하기

Part 10

귀국

항공권 확인과 귀국

TIP 10

1 | 항공편 예약 재확인

해당 항공사의 공항 카운터나 사무소에 귀국 예약 항공편을 재확인해야 한다. 출발 72시간 전에 연락해 수속을 하지 않으면 성수기 때나 최악의 경우 좌석이 취소되는 경우도 있다. 여행 일정이 변경되었을 경우에도 72시간 전에 예약을 취소하고 다른 날짜의 좌석을 미리 예약해 둔다.

2 | 수화물 싣기

보통 일반석의 경우 허용된 수화물 중량은 항공사에 따라 약간의 차이는 있지만 약 20kg 정도이다. 깨지는 물건이나 카메라, 귀중품은 화물칸에 맡기지 말고 기내에 갖고 들어간다. 또 선물이나 쇼핑 물품 중에서 도착 후 세관에 신고할 물품을 따로 정리해 두면 통관절차가 간편해진다.

3 | 일본에서의 출국절차

출발 2시간 전까지 공항에 도착해 해당 항공사의 체크인카운터로 가서 항공권, 여권, 출입국신고서를 제시하고 탑승권을 받는다. 보안검색과 기내 휴대수하물의 X-ray 검사를 받은 다음 출국장 안으로 들어간다. 탑승권에 표시된 탑승게이트에서 대기하거나 면세점 쇼핑 등 각종 편의시설을 이용할 수 있다.

4 | 귀국 가이드

한국 도착→검역→입국심사→수하물 수취→세관검사

① **한국 도착 및 검역** 기내에서 승무원이 나눠주는 검역질문서, 입국신고서, 여행자휴대품신고서를 미리 작성하면 입국수속을 편리하고 신속하게 할 수 있다. 동물·축산물 및 식물을 가지고 입국할 경우에는 국립수의과학검역원 및 식물검역소에 신고하여 검역을 받아야 하며, 수출국에서 발행한 동물 및 식물검역증을 제출해야 한다.

② **입국심사와 짐찾기** 입국심사대에서 여권, 출입국신고서 등을 심사관에게 제출한다. 입국심사대 통과 후 수하물 도착 안내전광판에서 수하물수취대 번호를 확인한 후 지정된 수하물수취대에서 자신의 수하물을 찾아서 세관검사장으로 간다.

③ **세관신고** 세관신고물품이 있는 경우 세관심사대로 가서 여행자휴대품신고서를 제출한다. 신고물품이 없는 경우에는 신고서를 제출할 필요 없이 그대로 통과한다. 외국에서 취득했거나 국내 면세점에서 구입 후 해외로 갖고 나갔다가 재반입 하는 물품으로 해외 총취득 가격 US$600을 초과하는 물품, 1인당 면세기준을 초과하여 반입한 주류 및 담배, 향수, 출국할 때 휴대반출신고를 했다가 재반입 하는 물품 등은 반드시 신고해야 한다.

필수 상황표현 BEST 10

01 내일 인천행 비행기 있습니까?

02 일찍 가는 비행기로 부탁합니다.

03 예약을 확인하고 싶은데요.

04 비행 편을 변경할 수 있나요?

05 예약을 취소하고 싶은데요.

06 대한항공 카운터는 어디인가요?

07 탑승 시간은 언제인가요?

08 인천행 탑승 게이트는 여기인가요?

09 창 쪽 좌석으로 부탁해요.

10 덕분에 즐거웠어요.

明日の インチョン 行きの 便は ありますか。
아시따노 인천 유끼노 빙와 아리마스까

早い 便を お願いします。
하야이 빙오 오네가이시마스

予約を 確認 したいんですが。
요야꾸오 가꾸닌 시따인데스가

便の 変更を お願い できますか。
빈노 헹꼬-오 오네가이 데끼마스까

予約を 取り消したいのですが。
요야꾸오 도리께시따이노데스가

大韓航空の カウンターは どこですか。
다이깡꼬-꾸-노 카운따-와 도꼬데스까

搭乗時間は いつですか。
도-죠- 지깡와 이쯔데스까

インチョン 行きの 搭乗ゲートは ここですか。
인천 유끼노 도-죠-게-또와 고꼬데스까

窓側の 席を お願いします。
마도가와노 세끼오 오네가이시마스

おかげさまで 楽しかったです。
오까게사마데 다노시깟따데스

227

귀국 항공편 예약과 재확인

인천행을 예약하고 싶은데요.
インチョン 行きを 予約したいのですが。
인천 유끼오 요야꾸시따 이노데스가

내일 인천행 비행기 있습니까?
明日の インチョン 行きの 便は ありますか。
아시따노 인천 유끼노 빙와 아리마스까

일찍 가는 비행기로 부탁합니다.
早い 便を お願いします。
하야이 빙오 오네가이시마스

요금은 어떻게 됩니까?
料金は どうなりますか。
료―낑와 도―나리마스까

Let's go Cheerful Travel Japanese

예약을 확인하고 싶은데요.
予約を 確認 したいんですが。
요야꾸오 가꾸닌 시따인데스가

성함과 편명을 말씀하세요.
お名前と 便名を どうぞ。
오나마에또 빔메-오 도-조

예약이 확인되었습니다.
予約 確認できました。
요야꾸 가꾸닌데끼마시따

비행은 예정대로 출발합니까?
フライトは 予定どおりに 出発しますか。
후라이또와 요떼-도오리니 슙빠쯔시마스까

 **예약 변경**이나 **취소**

비행 편을 변경할 수 있나요?
便の 変更を お願い できますか。
빈노 헹꼬-오 오네가이 데끼마스까

어떻게 변경하고 싶습니까?
どのように ご変更 なさいますか。
도노요-니 고헹꼬- 나사이마스까

8월 10일로 변경하고 싶어요.
8月 10日に 変更したいのです。
하찌가쯔 도오까니 헹꼬-시따이노데스

예약을 취소하고 싶은데요.
予約を 取り消したいのですが。
요야꾸오 도리께시따이노데스가

Let's go Cheerful Travel Japanese

방금 인천행 비행기를 놓쳤는데요.
たった今、インチョン行きの 便に 乗り遅れたのですが。
닷따이마 인천 유끼노 빈니 노리오꾸레따노데스가

다른 항공사 비행기를 확인해 주세요.
他の 会社の 便を 調べて ください。
호까노 카이샤노 빙오 시라베떼 구다사이

귀국

항공권을 가지고 계십니까?
航空券は お持ちですか。
코-꾸-껭와 오모찌데스까

해약 대기로 부탁할 수 있습니까?
キャンセル 待ちで お願いできますか。
칸세루 마찌데 오네가이데끼마스까

03 탑승 수속

대한항공 카운터는 어디인가요?
大韓航空の カウンターは どこですか。
다이깡꼬-꾸-노 카운따-와 도꼬데스까

탑승 시간은 언제인가요?
搭乗時間は いつですか。
도-죠- 지깡와 이쯔데스까

탑승 게이트는 몇 번인가요?
搭乗 ゲートは 何番ですか。
도-죠- 게-또와 남반데스까

인천행 탑승 게이트는 여기인가요?
インチョン 行きの 搭乗ゲートは ここですか。
인천 유끼노 도-죠-게-또와 고꼬데스까

Let's go Cheerful Travel Japanese

지금 체크인할 수 있습니까?

今 チェックイン できますか。

이마 첵꾸인 데끼마스까

창 쪽 좌석으로 부탁해요.

窓側の 席を お願いします。

마도가와노 세끼오 오네가이시마스

이 짐은 기내로 가지고 갑니다.

この 荷物は 機内持ち 込みです。

고노 니모쯔와 기나이모찌 꼬미데스

이 짐을 맡길게요.

この 荷物を 預けます。

고노 니모쯔오 아즈께마스

04 배웅하기

여행은 즐거웠나요?

旅行は 楽しかったですか。

료꼬-와 다노시깟따데스까

덕분에 즐거웠어요.

おかげさまで 楽しかったです。

오까게사마데 다노시깟따데스

선물 무척 고마워요.

プレゼントを どうも ありがとう。

푸레젠또오 도-모 아리가또-

정말 신세 많았어요.

大変 お世話に なりました。

다이헨 오세와니 나리마시따

Let's go Cheerful Travel Japanese

친절을 베풀어 주셔서 정말 감사하고 있습니다.
ご親切に 本当に 感謝しております。
고신세쯔니 혼또-니 간샤시떼오리마스

한국에도 놀러 오세요.
韓国にも 遊びに 来て ください。
강꼬꾸니모 아소비니 기떼 구다사이

귀국

한국 여행은 제게 맡기세요.
韓国 旅行は 私に 任せて ください。
강꼬꾸 료꼬-와 와따시니 마까세떼 구다사이

그럼 건강하세요.
では, お元気で。
데와 오겡끼데

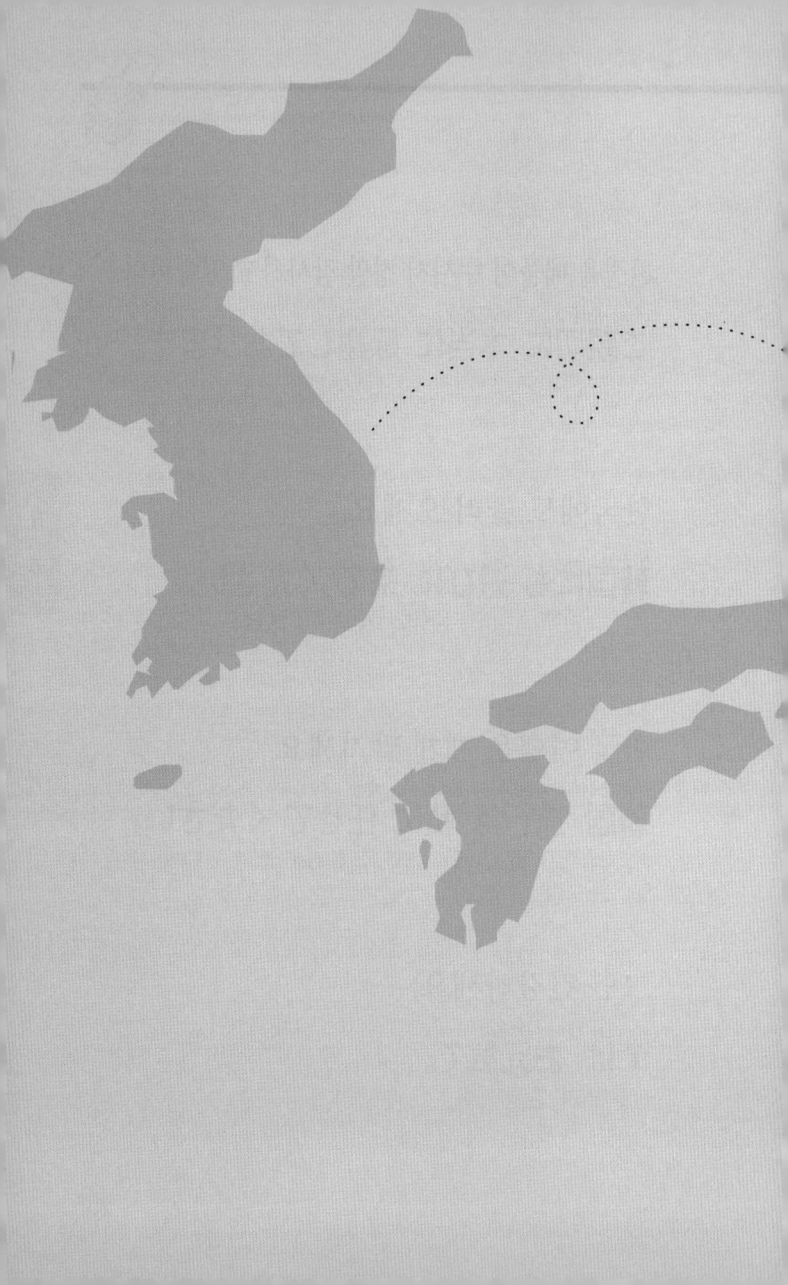

Part 11

분야별 여행단어

바로바로 찾아 쓰는 **분야별** 여행단어

01. 항공권 예약

한국어	일본어	발음
대한항공	大韓航空(たいかんこうくう)	다이깡꼬—꾸—
아시아나항공	アシアナ航空(こうくう)	아시아나꼬—꾸—
일본항공	日本航空(にほんこうくう)	니혼꼬—꾸—
비행기	飛行機(ひこうき)	히꼬—끼
국제선	国際線(こくさいせん)	곡사이센
국내선	国内線(こくないせん)	고꾸나이센
국적	国籍(こくせき)	고꾸세끼
비자	ビザ	비자
여권	パスポート	파스포—또
좌석	座席(ざせき)	자세끼
일등석	ファーストクラス	파—스토쿠라스
비즈니스 클래스	ビジネスクラス	비지네스쿠라스
이코노미 클래스	エコノミークラス	에코노미—쿠라스
예약	予約(よやく)	요야꾸
왕복	往復(おうふく)	오—후꾸
편도	片道(かたみち)	가따미찌
확인	確認(かくにん)	가꾸닝
재확인	再確認(さいかくにん)	사이까꾸닝

대기	キャンセル待(ま)ち	캰세루마찌
취소	取消(とりけし)	도리께시
단체	団体(だんたい)	단따이
세금	税金(ぜいきん)	제이낑
증명서	証明書(しょうめいしょ)	쇼—메—쇼
재발행	再発行(さいはっこう)	사이학꼬—
창구	窓口(まどぐち)	마도구찌

02 · 공항과 기내

공항	空港(くうこう)	구—꼬—
항공권	航空券(こうくうけん)	고—꾸—껭
좌석	座席(ざせき)	자세끼
게이트	ゲート	게—또
출발	出発(しゅっぱつ)	슙빠쯔
입국	入国(にゅうこく)	뉴—꼬꾸
도착	到着(とうちゃく)	도—쨔꾸
리무진버스	リムジンバス	리무진바스
외국인	外国人(がいこくじん)	가이꼬꾸진
한국인	韓国人(かんこくじん)	강꼬꾸진

바로바로 찾아 쓰는 **분야별** 여행단어

한국어	일본어	발음
세관	税関(ぜいかん)	제-깡
검사	検査(けんさ)	켄사
입구	入(い)り口(ぐち)	이리구찌
출구	出口(でぐち)	데구찌
미시오(문)	押(お)す	오스
당기시오(문)	引(ひ)く	히꾸
이용료	利用料(りようりょう)	리요-료-
탑승권	搭乗券(とうじょうけん)	도-죠-껜
탑승구	搭乗口(とうじょうぐち)	도-죠-구찌
조종사, 파일럿	パイロット	파이롯또
스튜어디스	スチュワーデス	스츄와-데스
수속	手続(てつづ)き	데쯔즈끼
출국	出国(しゅっこく)	슉꼬꾸
신고서	申告書(しんこくしょ)	싱꼬꾸쇼
신분증	身分証明書(みぶんしょうめいしょ)	미분쇼-메-쇼
이어폰	イヤホン	이야혼
멀미약	酔(よ)い止(ど)め	요이도메
호출버튼	呼(よ)び出(だ)しボタン	요비다시보딴
안전벨트	セーフティーベルト	세-후테-베루또
에어컨	エアコン	에아꼰

Let's go Cheerful Travel Japanese

화장실	トイレ	토이레
사용 중	使用中(しようちゅう)	시요-쮸-

03 · 교통 관련

교통	交通(こうつう)	고-쯔-
버스	バス	바스
택시	タクシー	타쿠시-
전철	電車(でんしゃ)	덴샤
지하철	地下鉄(ちかてつ)	치카떼쯔
신칸센	新幹線(しんかんせん)	신깡센
자동차	自動車(じどうしゃ)	지도-샤
비행기	飛行機(ひこうき)	히꼬-끼
배	船(ふね)	후네
버스정류장	バス停(てい)	바스테-
터미널	ターミナル	타-미나루
첫차	始発(しはつ)	시하쯔
운전기사	運転手(うんてんしゅ)	운뗀슈
차비, 운임	運賃(うんちん)	운칭
승객	乗客(じょうきゃく)	죠-갹꾸

바로바로 찾아 쓰는 **분야별** 여행단어

미터기	メーター	메ー타ー
합승	相乗(あいの)り	아이노리
역	駅(えき)	에끼
시각표	時刻表(じこくひょう)	지꼬꾸효ー
매표소	切符売(きっぷう)り場(ば)	깁뿌ー리바
편도	片道(かたみち)	가따미찌
왕복	往復(おうふく)	오ー후꾸
개찰구	改札口(かいさつぐち)	가이사쯔구찌
플랫폼	プラットホーム	푸랏또호ー무
역무원	駅員(えきいん)	에끼잉
특급	特急(とっきゅう)	독뀨ー
급행	急行(きゅうこう)	규ー꼬ー
보통열차	普通列車(ふつれっしゃ)	후쯔ー렛샤
마지막 열차	終電(しゅうでん)	슈ー덴
서행	徐行(じょこう)	죠꼬ー
운전면허증	運転免許証(うんてんめんきょしょう)	운뗀멩꾜쇼ー
주유소	ガソリンスタンド	가소린스탄도
횡단보도	横断歩道(おうだんほどう)	오ー단호도ー
신호등	信号機(しんごうき)	싱고ー끼
주차장	駐車場(ちゅうしゃじょう)	츄ー샤죠ー

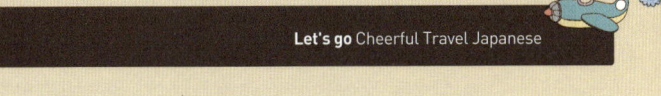

| 주차금지 | 駐車禁止(ちゅうしゃきんし) | 쥬-샤낀시 |
| 일방통행 | 一方通行(いっぽうつうこう) | 입뽀-쯔-꼬- |

04 · 호텔&서비스

호텔	ホテル	호테루
객실	客室(きゃくしつ)	갸꾸시쯔
체크인	チェックイン	첵꾸인
체크아웃	チェックアウト	첵꾸아우또
싱글룸	シングルルーム	싱구루루-무
트윈룸	ツインルーム	츠인루-무
특실	特室(とくしつ)	도꾸시쯔
유스호스텔	ユースホステル	유-스호스테루
일본식 방	和室(わしつ)	와시쯔
프런트	フロント	후론또
숙박카드	宿泊(しゅくはく)カード	슈꾸하꾸카-도
객실 열쇠	ルームキー	루-무키-
귀중품	貴重品(きちょうひん)	키쬬-힝
난방	暖房(だんぼう)	담보-
냉방	冷房(れいぼう)	레-보-

바로바로 찾아 쓰는 **분야별** 여행단어

메시지	メッセージ	멧세-지
룸서비스	ルームサービス	루-무사-비스
모닝콜	モーニングコール	모-닝구코-루
벨보이	ベルボイ	베루보이
비상구	非常口(ひじょうぐち)	히죠-구찌

05 · 식당

식당	食堂(しょくどう)	쇼꾸도-
레스토랑	レストラン	레스또랑
패밀리 레스토랑	ファミリーレストラン	파미리-레스또랑
초밥집	寿司屋(すしや)	스시야
우동집	うどん屋(や)	우동야
라면집	ラーメン屋(や)	라-멩야
중국 요리	中華料理(ちゅうかりょうり)	츄-까료-리
제과점	パン屋(や)	팡야
찻집	喫茶店(きっさてん)	깃사뗀
커피숍	コーヒーショップ	코-히-숍뿌
아침밥	朝(あさ)ご飯(はん)	아사고항
점심밥	昼(ひる)ご飯(はん)	히루고항

저녁밥	夕(ゆう)ご飯(はん)	유-고항
추천 요리	おすすめ料理(りょうり)	오스스메료-리
셀프서비스	セルフサービス	세루후사-비스
메뉴	メニュー	메뉴-
주문	注文(ちゅうもん)	츄-몽
계산	勘定(かんじょう)	칸죠-
계산서	計算書(けいさんしょ)	케-산쇼
더치페이	わりかん	와리깡
팁	チップ	칩푸
지불	支払(しはらい)	시하라이
영수증	領収書(りょうしゅうしょ)	료-슈-쇼
생선구이	焼(や)き魚(ざかな)	야끼자까나
야키소바	焼(や)きそば	야끼소바
김밥	のりまき	노리마끼
튀김덮밥	天丼(てんどん)	덴동
굴(해산물)	かき	가끼
닭꼬치	焼(や)き鳥(とり)	야끼도리
덮밥	丼(どんぶり)	돔부리
김치	キムチ	기무치
샤브샤브	しゃぶしゃぶ	샤부샤부

바로바로 찾아 쓰는 **분야별** 여행단어

초밥	寿司(すし)	스시
우동	うどん	우동
회	刺身(さしみ)	사시미
소바	そば	소바
라면	ラーメン	라ー멘
술	酒(さけ)	사께
일본주	日本酒(にほんしゅ)	니혼슈
맥주	ビール	비ー루
커피	コーヒー	코ー히ー

06 · 관광

여행	旅行(りょこう)	료꼬ー
관광	観光(かんこう)	캉꼬ー
휴가	休(やす)み	야스미
당일치기	日帰(ひがえ)り	히가에리
신혼여행	新婚旅行(しんこんりょこう)	싱콘료꼬ー
안내소	案内所(あんないしょ)	안나이쇼
안내원	案内員(あんないいん)	안나이잉
교외	郊外(こうがい)	고ー가이

시내	市内(しない)	시나이
명물	名物(めいぶつ)	메-부쯔
명소	名所(めいしょ)	메-쇼
매표소	切符売(きっぷう)り場(ば)	깁뿌-리바
입장료	入場料(にゅうじょうりょう)	뉴-죠-료-
티켓, 입장권	チケット	치켓또
박람회	博覧会(はくらんかい)	하꾸랑까이
박물관	博物館(はくぶつかん)	하꾸부쯔깡
극장	劇場(げきじょう)	게끼죠-
미술관	美術館(びじゅつかん)	비쥬쯔깡
음악회	音楽会(おんがくかい)	옹가꾸까이
일본 대중음악	J-POP(ジェーポップ)	제이-폽뿌
온천	温泉(おんせん)	온셍
칵테일바	カクテルバー	카꾸떼루바-
가라오케	カラオケ	가라오께
길안내	道案内(みちあんない)	미찌안나이
가이드	ガイド	가이도
필름	フィルム	휘루무
사진	写真(しゃしん)	샤싱
촬영	撮影(さつえい)	사쯔에-

바로바로 찾아 쓰는 **분야별** 여행단어

07 · 쇼핑

가게	店(みせ)	미세
상점	商店(しょうてん)	쇼-뗑
상점가	商店街(しょうてんがい)	쇼-뗑가이
쇼핑센터	ショッピングセンター	숍핑구센타-
백화점	デパート	데빠-또
면세점	免税店(めんぜいてん)	멘제-뗑
골동품점	骨董屋(こっとうや)	곳또-야
슈퍼마켓	スーパー	스-빠-
편의점	コンビニ	콘비니
점원	店員(てんいん)	텐닝
상품	商品(しょうひん)	쇼-힝
샘플	サンプル	산뿌루
품질	品質(ひんしつ)	힝시쯔
디자인	デザイン	데자잉
사이즈	サイズ	사이즈
가격	値段(ねだん)	네당
싸다	安(やす)い	야스이
비싸다	高(たか)い	다까이

할인	割引(わりびき)	와리비끼
거스름돈	おつり	오쯔리
현금	現金(げんきん)	겡킹
신용카드	クレジットカード	크레짓또카도
반품	返品(へんぴん)	헴삥
교환	交換(こうかん)	고―깡
설명서	説明書(せつめいしょ)	세쯔메―쇼
포장	包装(ほうそう)	호―소―
개점	開店(かいてん)	가이뗑
폐점	閉店(へいてん)	헤―뗑
면세품	免税品(めんぜいひん)	멘제―힝
신제품	新品(しんぴん)	심삥
기념품	記念品(きねんひん)	기넨힝
토산품	お土産(みやげ)	오미야게
일본옷	和服(わふく)	와후꾸
귀금속	貴金属(ききんぞく)	기낀조꾸
반지	指輪(ゆびわ)	유비와
귀고리	イヤリング	이야링구
목걸이	ネックレス	네쿠레스
손목시계	腕時計(うでどけい)	우데도께―

바로바로 찾아 쓰는 **분야별** 여행단어

| 립스틱 | 口紅(くちべに) | 구찌베니 |
| 향수 | 香水(こうすい) | 고-스이 |

08 · 공공기관 · 건물

학교	学校(がっこう)	각꼬-
도서관	図書館(としょかん)	도쇼깡
파출소	交番(こうばん)	고-방
경찰서	警察署(けいさつしょ)	게-사쯔쇼
은행	銀行(ぎんこう)	깅꼬-
우체국	郵便局(ゆうびんきょく)	유-빙꾜꾸
병원	病院(びょういん)	뵤-잉
약국	薬局(やっきょく)	약꾜꾸
호텔	ホテル	호테루
교회	教会(きょうかい)	교-까이
신사	神社(じんじゃ)	진쟈
약국	薬屋(くすりや)	구스리야
서점	本屋(ほんや)	홍야
대사관	大使館(たいしかん)	다이시깡

09 · 통신-전화/우체국/PC방

한국어	日本語	발음
휴대전화	携帯電話(けいたいでんわ)	게-따이뎅와
공중전화	公衆電話(こうしゅうでんわ)	고-슈-뎅와
교환원	オペレータ	오뻬레-따
구내전화	構内電話(こうないでんわ)	고-나이뎅와
콜렉트콜	コレクトコール	코레꾸또코-루
통화 중	通話中(つうわちゅう)	쯔-와쮸-
연락처	連絡先(れんらくさき)	렌라꾸사끼
통신	通信(つうしん)	쯔-신
우편	郵便(ゆうびん)	유-빙
편지	手紙(てがみ)	데가미
편지봉투	封筒(ふうとう)	후-또-
엽서	葉書(はがき)	하가끼
그림엽서	絵葉書(えはがき)	에하가끼
보통우편	普通郵便(ふ-つう ゆうびん)	후쯔-유-빙
속달	速達(そくたつ)	소꾸따쯔
등기	書留(かきとめ)	가끼도메
소포	小包(こづつみ)	고즈쯔미
택배	宅急便(たっきゅうびん)	탓뀨-빙

바로바로 찾아 쓰는 **분야별** 여행단어

우표	切手(きって)	킷떼
집배원	郵便屋(ゆうびんや)	유빙야
우편번호	郵便番号(ゆうびんばんごう)	유빙방고
인터넷	インターネット	인타-넷또
PC방	インターネットカフェ	인타-넷또카페
네트워크	ネットワーク	넷또와-꾸
전자메일	電子(でんし)メール	덴시메-루
검색	検索(けんさく)	켄사꾸
다운로드	ダウンロード	다운로-도
홈페이지	ホームページ	호-무페-지
사이트	サイト	사이또
네티즌	ネチズン	네치즌

10 · 시설이용-병원/약국

의사	医者(いしゃ)	이샤
간호사	看護婦(かんごふ)	강고후
병실	病室(びょうしつ)	뵤-시쯔
환자	患者(かんじゃ)	간샤
체온	体温(たいおん)	타이온

Let's go Cheerful Travel Japanese

두통	頭痛(ずつう)	즈쯔-
고혈압	高血圧(こうけつあつ)	고게쯔아쯔
진단서	診斷書(しんだんしょ)	신단쇼
진찰실	診察室(しんさつしつ)	신사쯔시쯔
약	薬(くすり)	구스리
감기약	風邪薬(かぜぐすり)	가제구스리
진통제	鎭痛劑(ちんつうざい)	진쯔-자이
소화불량	消化不良(しょうかふりょう)	쇼-까후료-
소화제	消化劑(しょうかざい)	쇼-까자이
물약	水薬(みずぐすり)	미즈구스리
가루약	粉薬(こなぐすり)	고나구스리
반창고	ばんそうこう	반소-꼬-
붕대	包帶(ほうたい)	호-따이

11 · 시설이용-은행/경찰서

환율	為替(かわせ)レート	가와세레-또
환전	両替(りょうがえ)	료-가에
수수료	手数料(てすうりょう)	데스-료-
여행자수표	トラベラーズチェック	토라베라-즈첵꾸

바로바로 찾아 쓰는 **분야별** 여행단어

잔돈	小錢(こぜに)	고제니
지폐	札(さつ)	사쯔
교통사고	交通事故(こうつうじこ)	고-쯔-지꼬
구급차	救急車(きゅうきゅうしゃ)	규-뀨-샤
도난	盗難(とうなん)	도-낭
경찰	警察(けいさつ)	게-사쯔
경찰관	警察官(けいさつかん)	게-사쯔깡
보관소	保管所(ほかんしょ)	호깐쇼

12 · 유용한 단어-숫자세기

0	れい, ゼロ	레이, 제로
1	いち	이찌
2	に	니
3	さん	상
4	し, よん	시, 용
5	ご	고
6	ろく	로꾸
7	しち, なな	시찌, 나나
8	はち	하찌

Let's go Cheerful Travel Japanese

9	きゅう, く	큐ー, 쿠
10	じゅう	쥬ー
20	にじゅう	니쥬ー
30	さんじゅう	산쥬ー
40	よんじゅう	욘쥬ー
50	ごじゅう	고쥬ー
60	ろくじゅう	로꾸쥬ー
70	ななじゅう	나나쥬ー
80	はちじゅう	하찌쥬ー
90	きゅうじゅう	큐ー쥬ー
100	百(ひゃく)	햐꾸
1,000	千(せん)	셍
하나	ひとつ	히또쯔
둘	ふたつ	후따쯔
셋	みっつ	밋쯔
넷	よっつ	욧쯔
다섯	いつつ	이쯔쯔
여섯	むっつ	뭇쯔
일곱	ななつ	나나쯔
여덟	やっつ	얏쯔

바로바로 찾아 쓰는 **분야별** 여행단어

| 아홉 | ここのつ | 고꼬노쯔 |
| 열 | とお | 도- |

13 · 유용한 단어 -시간/요일/월

1시	1時(いちじ)	이찌지
2시	2時(にじ)	니지
3시	3時(さんじ)	산지
4시	4時(よじ)	요지
5시	5時(ごじ)	고지
6시	6時(ろくじ)	로꾸지
7시	7時(しちじ)	시찌지
8시	8時(はちじ)	하찌지
9시	9時(くじ)	구지
10시	10時(じゅう-じ)	쥬-지
11시	11時(じゅういちじ)	쥬-이찌지
12시	12時(じゅうにじ)	쥬-니지
일요일	日曜日(にちようび)	니찌요-비
월요일	月曜日(げつようび)	게쯔요-비
화요일	火曜日(かようび)	가요-비

수요일	水曜日(すいようび)	스이요-비
목요일	木曜日(もくようび)	모꾸요-비
금요일	金曜日(きんようび)	깅요-비
토요일	土曜日(どようび)	도요-비
1월	一月(いちがつ)	이찌가쯔
2월	二月(にがつ)	니가쯔
3월	三月(さんがつ)	상가쯔
4월	四月(しがつ)	시가쯔
5월	五月(ごがつ)	고가쯔
6월	六月(ろくがつ)	로꾸가쯔
7월	七月(しちがつ)	시찌가쯔
8월	八月(はちがつ)	하찌가쯔
9월	九月(くがつ)	구가쯔
10월	十月(じゅうがつ)	쥬-가쯔
11월	十一月(じゅういちがつ)	쥬-이찌가쯔
12월	十二月(じゅうにがつ)	쥬-니가쯔
봄	春(はる)	하루
여름	夏(なつ)	나쯔
가을	秋(あき)	아끼
겨울	冬(ふゆ)	후유

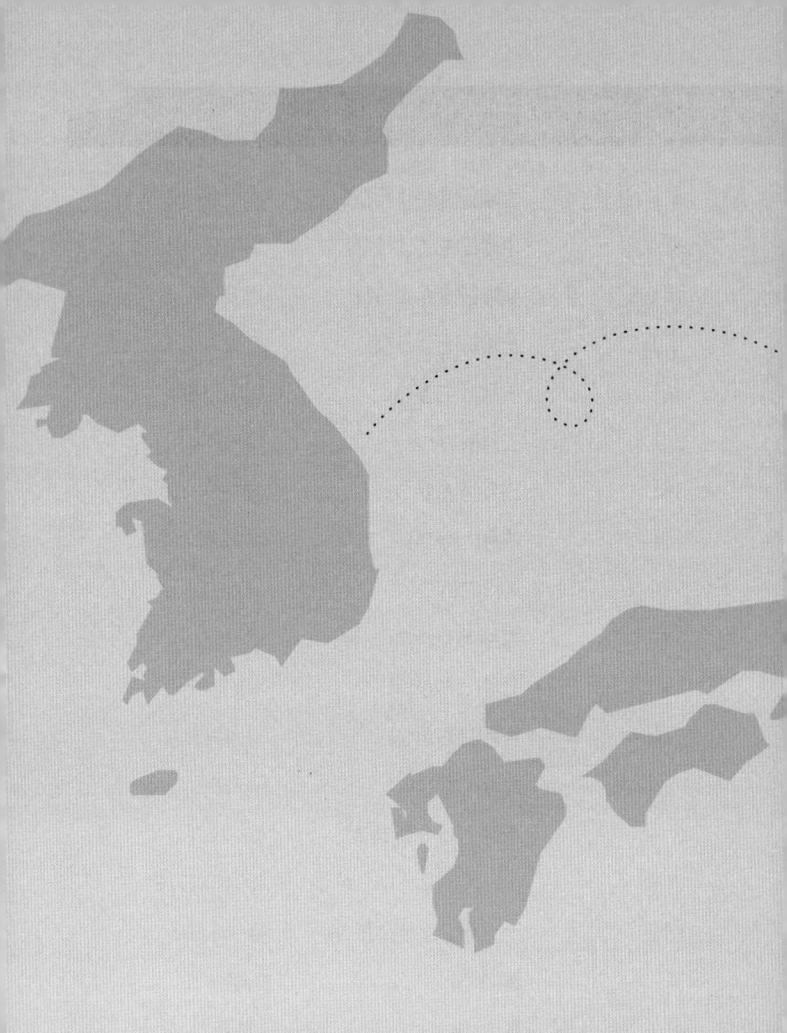

01 인사말과 소개 표현 02 다양한 의사 표현 03 입출국
04 대중교통과 이동 05 숙소 이용 06 식당에서 07 관광 즐기기
08 쇼핑할 때 09 통신과 시설 이용 10 트러블

Part 12

필수
영어표현

01 인사말과 소개 표현

01 안녕하세요.

02 안녕히 가세요. 잘 지내세요.

03 또 만나요.

04 좋은 하루[여행] 되세요

05 고맙습니다. / 정말 고마워요.

06 처음 뵙겠습니다.

07 만나 뵙게 되어 반갑습니다.

08 제 이름은 ○○○라고 합니다.

09 어디에서 오셨어요?

10 저는 한국 서울에서 왔어요.

Let's go Cheerful Travel Japanese

Hi! / Hey! / Hello.
하이 / 헤이 / 헬로우

Good bye. Take care.
굿 바이. 테익 케얼

See you again.
씨 유 어겐

Have a nice day[good trip].
해버 나이스 데이 [굿 트립]

Thank you. / Thanks a lot.
땡큐   땡스 어 랏

How do you do?
하우 두 유 두

I'm glad to meet you.
아임 글래 투 밋츄

My name is ○○○.
마이 네임 이즈 ○○○

Where are you from?
웨얼 아 유 프럼

I'm from Seoul, Korea.
아임 프럼 서울 코리어

영어 표현

02 다양한 의사 표현

01 실례합니다.

02 미안합니다.

03 천만에요.

04 네, 그렇게 생각해요.

05 아니오, 그렇게 생각하지 않아요.

06 부탁 좀 해도 될까요?

07 다시 한 번 말해 주세요.

08 조금 더 천천히 말씀해 주시겠어요?

09 지금 몇 시인가요?

10 여기가 어디인가요?

Let's go Cheerful Travel Japanese

Excuse me.
익스큐즈 미

I'm sorry.
아임 쏘리

You're welcome.
유아 웰컴

Yes, I think so.
예쓰, 아이 띵 쏘우

No, I don't think so.
노우, 아이 돈 띵 쏘우

Would you do me a favor?
우쥬 두 미 어 페이벌

Pardon me?
파든 미

Could you speak more slowly?
쿠쥬 스픽 모얼 슬로울리

What time is it now?
왓 타임 이짓 나우

Where am I now?
웨얼 엠 아이 나우

영어 표현

03 입출국

01 창가 쪽 자리로 주세요.

02 12번 탑승구는 어디인가요?

03 음료수를 주세요.

04 담요를 갖다 주시겠어요?

05 (여행 목적은?) 관광입니다. / 쇼핑입니다.

06 어디에서도 제 짐을 찾을 수 없네요.

07 신고할 것이 없어요.

08 갈아타는 데 걸리는 시간은 어느 정도인가요?

09 환전해 주세요.

10 시내로 가려면 어느 버스정류장에서 타야 하나요?

Let's go Cheerful Travel Japanese

A window seat, please.
어 윈도우 씨잇 플리즈

Where's gate 12?
웨얼즈 게이트 투웰브

I'd like something to drink, please.
아이드 라잌 썸띵 투 드링크 플리즈

May I have a blanket?
메 아이 해버 블랭킷

Sightseeing. / Shopping.
싸잇씨잉   샤핑

I can't find my baggage anywhere.
아이 캔 파인드 마이 배기지 에니웨얼

I have nothing to declare.
아이 햅 나띵 투 디클레어

How long is the connecting time for transit?
하울롱 이즈 더 커넥팅 타임 풔 트랜싯

I'd like to exchange some money.
아이드 라잌 투 익스췌인지 썸 머니

Where can I get a bus for downtown?
웨얼 캐나이 게러 버스 풔 다운타운

04 대중교통과 이동

01 가장 가까운 지하철역이 어디인가요?

02 역으로 가려면 어떻게 가야 하나요?

03 여기서 어느 정도 시간이 걸리나요?

04 택시를 불러주시겠어요?

05 (주소를 보여주며) 이곳으로 가 주세요.

06 여기서 내려 주세요.

07 다음 직행버스는 몇 시에 오나요?

08 다음 열차는 몇 시에 출발하나요?

09 승차권은 어디서 사야 하나요?

10 도쿄행 편도로 두 장 주세요.

Let's go Cheerful Travel Japanese

Where's the nearest subway station?
웨얼즈 더 니얼리스트 썹웨이 스테이션

How do I get to the station?
하우 두 아이 겟 투 더 스테이션

How long does it take from here?
하울롱 더즈 잇 테익 프럼 히얼

Could you call a taxi for me?
쿠쥬 콜 어 택시 풔 미

Take me to this address, please.
테익 미 투 디스 어드레스 플리즈

Please let me out here.
플리즈 렛 미 아웃 히얼

When is the next nonstop bus?
웬 이즈 더 넥슷 넌스탑 버스

What time will the next train leave?
왓 타임 윌 더 넥슷 트뤠인 리브

Where can I get a ticket?
웨얼 캐나이 게러 티킷

Two one-way tickets to Tokyo, please.
투우 원웨이 티킷츠 투 도쿄 플리즈

05 숙소 이용

01 오늘밤 방 있나요?

02 1박에 얼마입니까?

03 아침식사 포함인가요?

04 방을 좀 보여 주세요.

05 여긴 207호실이에요. 룸서비스 부탁해요.

06 내일 아침 7시에 모닝콜 부탁해요.

07 지금 곧 제 방을 치워 주세요.

08 도와주세요. 열쇠를 방에 둔 채 문을 닫았어요.

09 이 짐을 보관해 주시겠어요?

10 체크아웃을 부탁합니다.

Do you have a room for tonight?
두 유 해버 룸 풔 터나잇

How much for a night?
하우 머취 포러 나잇

Is breakfast included?
이즈 브렉풔스트 인클루디드

Let me see the room.
렛 미 씨 더 룸

I'm in room 207. Room service, please.
아이민 룸 투 오 쎄븐. 룸 썰비스 플리즈

I need a wake-up call at 7:00 tomorrow.
아이 니더 웨이크컵 콜 앳 쎄븐 터마로우

Please clean my room now.
플리즈 클린 마이 룸 나우

Help me. I locked myself out.
헬프 미. 아이 락트 마이쎌파웃

Can you keep this baggage for me?
캐뉴 킵 디스 배기지 풔 미

I'd like to check out now.
아이드 라익 투 체카웃 나우

06 **식당**에서

01 오늘저녁 2인석을 예약하고 싶어요.

02 지금 시간 식사할 수 있을까요?

03 메뉴를 보여주시겠어요?

04 어떤 요리가 좋은가요?

05 여기 주문 받아 주실래요?

06 (메뉴를 가리키며) 이걸로 하겠습니다.

07 주문한 요리가 아직 안 나왔어요.

08 작은 접시 좀 주시겠어요?

09 음식이 아주 맛있군요.

10 여기 계산해 주세요.

I'd like to have a table for two this evening.
아이드 라익 투 해버 테이블 풔 투우 디스 이브닝

Can I have a meal now?
캐나이 해버 미일 나우

May I see a menu?
메 아이 씨 어 메뉴

What do you recommend?
왓 두 유 레커멘드

May I order, please?
메 아이 오덜 플리즈

I'll have this.
아일 해브 디스

My order hasn't come yet.
마이 오덜 해즌트 컴 옛

Could you bring us some small plates?
쿠쥬 브링 어스 썸 스몰 플레이츠

That meal was very delicious.
댓 미일 워즈 베리 딜리셔스

Let me have the bill, please.
렛 미 햅 더 빌 플리즈

07 관광 즐기기

01 여행 안내소는 어디에 있나요?

02 관광지도 있나요?

03 한국어 하는 가이드가 있나요?

04 도쿄의 시내 관광을 하고 싶어요.

05 개관[폐관]은 몇 시 입니까?

06 입장료는 얼마인가요?

07 티켓 두 장 주세요. / 로열석으로 주세요.

08 이 복장으로 들어갈 수 있나요?

09 저희들 사진 좀 찍어주실래요?

10 여기서 사진 찍어도 되나요?

Let's go Cheerful Travel Japanese

Where is the tourist information office?
웨어리즈 더 투어리스트 인포메이션 오피스

Do you have a tourist map?
두 유 해버 투어리스트 맵

Is there a Korean-speaking guide?
이즈 데어러 코리언 스피킹 가이드

I'd like to see the sights of Tokyo.
아이드 라익 투 씨 더 싸잇츠 어브 도쿄

What time does it open[close]?
왓 타임 더짓 오우펀 [클로우즈]

How much is admission?
하우 머취 이즈 어드미션

Two ticket, please. / A royal seat, please.
투우 티킷 플리즈   어 로우얄 씨잇 플리즈

Can I enter dressed like this?
캐나이 엔털 드뤠스드 라익 디스

Would you mind taking our picture?
우쥬 마인드 테이킹 아우얼 픽철

May I take pictures here?
메 아이 테익 픽철스 히얼

영어표현

08 쇼핑할 때

01 어느 것이 이 지역 특산품인가요?

02 그냥 구경 중이에요.

03 ○○○을 찾고 있어요.

04 저거 좀 보여주세요.

05 좋아요. 이것으로 주세요.

06 (모두) 얼마인가요?

07 좀 비싸군요. 조금 할인해 주세요.

08 이 신용카드로 지불할 수 있나요?

09 면세 처리를 해주시겠습니까?

10 이것을 반품하겠어요.

Let's go Cheerful Travel Japanese

What are the specialty products of this region?
왓 아 더 스페셜티 프라덕츠 어브 디스 리전

I'm just looking around.
아임 저슷 루킹 어라운드

I'm looking for a ○○○.
아임 루킹 풔 러 ○○○

Show me that one, please.
쇼우 미 댓 원 플리즈

That's fine. I'll take this one.
댓츠 파인. 아일 테익 디스 원

How much is it (all together)?
하우 머취 이짓 (올 투게덜)

Too expensive. Discount a little, please.
투우 익스펜시브. 디스카운터 리를 플리즈

Is this credit card OK?
이즈 디스 크레딧 카알드 오우케이

Could you fill out the duty-free form for me?
큐쥬 피라웃 더 듀티프리 풤 풔 미

I'd like to return this.
아이드 라익 투 리턴 디스

영어 표현

09 통신과 시설 이용

01 한국으로 국제전화를 부탁합니다.

02 이 근처에 공중전화가 있나요?

03 여보세요, ○○○라고 합니다.

04 ○○○씨 계십니까?

05 국제 소포로 보내 주세요.

06 한국으로 보내는 우편요금은 얼마입니까?

07 인터넷 카페는 어디에 있나요?

08 한 시간 이용 요금이 얼마인가요?

09 돈을 인출하고 싶어요.

10 현금 인출 한도가 어떻게 되나요?

Let's go Cheerful Travel Japanese

I'd like to make a call to Korea, please.
아이드 라익 투 메이커 콜 투 코리어 플리즈

Is there a pay phone around here?
이즈 데어러 페이 포운 어라운드 히얼

Hello. This is ○○○ speaking.
헬로우. 디스 이즈 ○○○ 스피킹

May I talk to Mr. ○○○?
메 아이 토크 투 미스터 ○○○

I'd like to send this by international courier service.
아이드 라익 투 쎈 디스 바이 인터내셔늘 커리얼 썰비스

How much is the postage to Korea?
하우 머취 이즈 더 포우스티쥐 투 코리어

Where is an Internet cafe?
웨얼 이즈 언 인터넷 캐페이

How much is it per hour?
하우 머취 이짓 펄 아우얼

I'd like to withdraw some money.
아이드 라익 투 위드로 썸 머니

What's the limit for a withdrawal?
왓츠 더 리밋 풔 어 위드로얼

영어표현

10 트러블

01 도와주세요.

02 응급 상황이에요!

03 경찰 좀 불러주세요!

04 여권을 잃어버렸어요.

05 택시에 짐을 놓고 내렸어요.

06 분실 증명서를 발행해 주세요.

07 병원에 데려가 주세요.

08 의사를 불러주세요.

09 통역자를 불러주세요.

10 한국대사관에 연락해 주세요.

Let's go Cheerful Travel Japanese

Please help me.
플리즈 헬프 미

That's an emergency!
댓츠 언 이멀전씨

Please call the police!
플리즈 콜 더 폴리스

I lost my passport.
아이 로스트 마이 패스폴트

I left my baggage in the taxi.
아이 레픗 마이 배기지 인 더 택씨

Could you make a report of the loss?
쿠쥬 메이커 리폿 어브 더 로스

Take me to the hospital, please.
테익 미 투 더 허스피들 플리즈

Call a doctor, please.
콜 어 닥털 플리즈

Call for an interpreter, please.
콜 풔 언 인터프리덜 플리즈

Please call the Korean Embassy.
플리즈 콜 더 코리언 엠버씨

영어 표현

여 행 자 메 모

성 명 (Full Name)		
생년월일 (Date of Birth)		
국 적 (Nationality)		
직업 및 직장명 (Occupation)		
현주소 (Home Address)		
현지 연락처 (Address in Domestic)		
여권 번호 (Passport No.)		
비자 번호 (Visa No.)		
항공권 번호 (Air Ticket No.)		
여행자수표 번호 (Traveler Fs check No.)		
신용카드 번호 (Credit Card No.)		
항공기편명 (Flight Name)		
출발지 (Port of Departure)		
목적지 (Destination)